后浪出版公司
小学堂 013-02

[日] 小山龙介 原尻淳一 著　阿修菌 译

整理的艺术 3
创意是整理出来的

江西人民出版社

创意整理术概念图

创意妙招是由流通型信息、库存型信息以及复杂的网络系统构成。

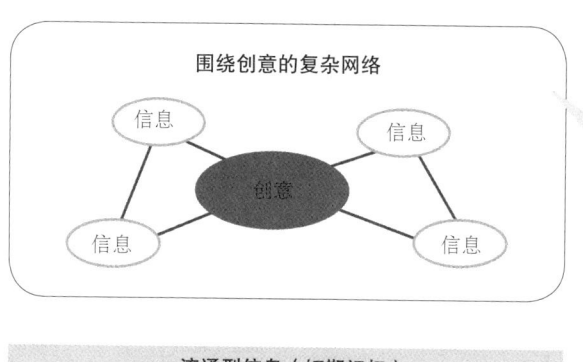

思考妙招

决策妙招

构思妙招

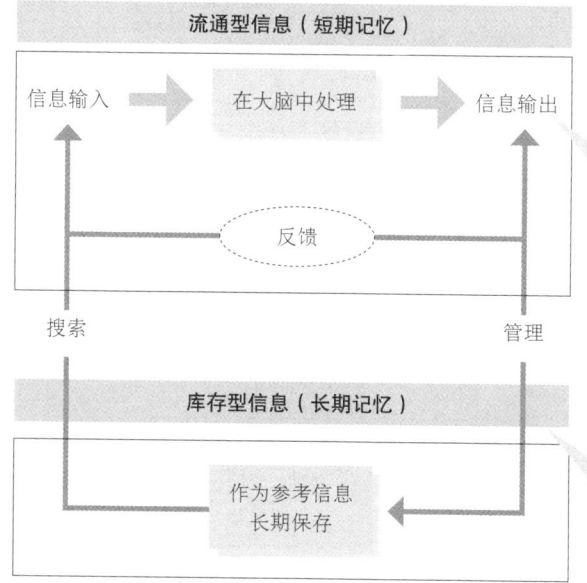

五感妙招

时间管理妙招

信息处理妙招

整理妙招

	① Set up 营造环境	② Flow & Stock 整理信息	③ Database 信息数据库
(A) 创意技术	**思考方式** · 品味来自五官的感动 · 思考是生理现象 **改善体质** · 晚上九点前睡觉 · 使用眼罩的睡眠妙招 · 用简单工作激发创造力 · 思维卡壳时，奔赴现场接地气 · 一秒两步，走出好创意 · 确定开始工作时的仪式 · 吃些升糖指数低食品	**思考方式** · 留住稍纵即逝的创意 **扔掉/忘记** · 赶紧忘掉刚才想到的主意 · 尽早扔掉点子笔记 **索引** · 按时间顺序管理记事本	**思考方式** · 用编故事的方法构建信息数据库 · 鹤见良行工作术中的数据库妙招 **故事法** · 用照片创建故事数据库 · 给不好记的东西"添油加醋" **负离子的法则** · "出租车导航"与"指挥部下"的相同之处 **紧盯对方，配合对方** · 降低视线 · 重要的是传递信息
(B) 创意工具	**五官刺激** · 早起淋浴，洗出好创意 · 在秘密花园进行游牧式工作 · 在办公室里开个茶会 · 用钢笔画线 · 播放自己的主题曲	**信息收集** · 手机挂件挂支笔 · 名片夹里暗藏创意 · 用语音笔记输出创意 · 手机笔记法 · 思维导图的笔记法 **储存** · 用博客公开创意，用社交网站扩散创意 · 资料整理到项目文件夹中	**我的数据库** · 用记事本创建自己的词典 · 我的米其林美食卡 · 严格挑选人脉 · 把想看的书和想见的人加入到"关注列表"中 · 让书架变身为知识数据库 · 把社交网站当做论文写作工具的SNS **信息收集** · 善用搜索引擎与创意建立链接 · 在网上向素不相识的人求助 · 硬盘是个聚宝盆

④ Get the idea 构思创意	⑤ Time management 时间管理	⑥ Decision making 进行决策
思考方式 ·改变固有视角，借鉴成功方法 ·向值得尊敬的人偷学"方法" ·与创意邂逅，与创意离别 ·两个思维路径 **替换/带入** ·替换分母，提高自身价值 ·创造新分母 ·他山"结构"，可以攻玉 ·模仿大人物，复制伟大创意 ·切换视角 ·改变语调 **模式化/方程式** ·打造自己的制胜模式 ·换个发型，打破自己的模式 ·好东西自有其好的原因 **人脉与网络** ·去旅行 ·用朋友的网络弥补自身的不足 **思考技术** ·用实体工具来构思创意 ·多看些"好东西" ·先别说出结论 **基本工具** ·翻转创意的"阴阳思维法" ·直指本质的"三角思维法" ·通过定位图促发形象思维 **信息扩散/新的意思** ·矩阵乘法 ·在曼荼罗九宫格上下点功夫 ·用杂志碎片做拼贴图板 ·妙用同义词词典 ·使用PPT进行"单人创意头脑风暴"	**思考方式** ·抓住灵光一闪的瞬间 **设置制约机制** ·用一站地、三支曲子的时间想出点子 ·建议开会只开15分钟 **日程表** ·用电脑管理日程表 ·星期五晚上确认下周的日程 ·让你的日程表"弹性十足" ·充分使用周日程表 ·用三个月的计划表来实现和谐生活 ·同时记录别人的日程表 **ToDo 列表** ·耗时15分钟以上的工作全都写入日程表中 ·要用零碎时间搞定ToDo列表	**思考方式** ·留出空白，等候创意降临 **活用上司或部下的方法** ·迷茫的时候，先找人聊一聊 ·让上司出马后，自然干劲十足 **设计规则与规则意识** ·行动有规有矩，工作有声有色 ·开会时必须守住的底线 **重要的事情** ·你的工作有80%是没用的 ·越重要的事越易被忽视 ·拥有装满偶然力的口袋 ·勿忘，人固有一死 ·预告全垒打的感觉真好 **会议工具** ·日程表与会议记录要配套使用

目 录
Contents

创意整理术概念图 ·· 1
前　言 ·· 8

第一章　信息处理妙招：留住稍纵即逝的创意

创意整理术 01
手机挂件挂支笔 ·· 2

创意整理术 02
名片夹里暗藏创意 ··· 5

创意整理术 03
尽快忘掉刚才想到的主意 ······································ 7

创意整理术 04
尽早扔掉记录了创意的笔记 ··································· 9

创意整理术 05
用语音笔记输出你的创意 ····································· 12

创意整理术 06
用博客公开创意，用社交网站扩散创意 ·················· 14

创意整理术 07
手机笔记法 ·· 15

创意整理术 08
思维导图笔记法 ·· 17

创意整理术 09
按时间顺序管理记事本 ······································· 20

创意整理术 10
资料整理到项目文件夹中 ⋯⋯⋯⋯⋯⋯⋯⋯⋯⋯⋯⋯⋯⋯⋯ 22
创意整理术 11
留住稍纵即逝的创意 ⋯⋯⋯⋯⋯⋯⋯⋯⋯⋯⋯⋯⋯⋯⋯⋯ 25

第二章 时间管理妙招：抓住灵光一闪的瞬间

创意整理术 12
用电脑管理日程表 ⋯⋯⋯⋯⋯⋯⋯⋯⋯⋯⋯⋯⋯⋯⋯⋯⋯ 28
创意整理术 13
星期五晚上确认下周的日程 ⋯⋯⋯⋯⋯⋯⋯⋯⋯⋯⋯⋯⋯ 30
创意整理术 14
让你的日程表"弹性十足" ⋯⋯⋯⋯⋯⋯⋯⋯⋯⋯⋯⋯⋯ 32
创意整理术 15
耗时 15 分钟以上的工作都要写入日程表中 ⋯⋯⋯⋯⋯ 34
创意整理术 16
要用零碎时间搞定 ToDo 列表 ⋯⋯⋯⋯⋯⋯⋯⋯⋯⋯⋯ 35
创意整理术 17
用一站地、三支曲子的时间想出好点子 ⋯⋯⋯⋯⋯⋯⋯ 37
创意整理术 18
充分使用周日程表 ⋯⋯⋯⋯⋯⋯⋯⋯⋯⋯⋯⋯⋯⋯⋯⋯⋯ 39
创意整理术 19
用三个月的计划表来实现和谐生活 ⋯⋯⋯⋯⋯⋯⋯⋯⋯ 41
创意整理术 20
同时记录别人的日程表 ⋯⋯⋯⋯⋯⋯⋯⋯⋯⋯⋯⋯⋯⋯⋯ 43
创意整理术 21
建议开会只开 15 分钟 ⋯⋯⋯⋯⋯⋯⋯⋯⋯⋯⋯⋯⋯⋯⋯ 45
创意整理术 22
抓住灵光一闪的瞬间 ⋯⋯⋯⋯⋯⋯⋯⋯⋯⋯⋯⋯⋯⋯⋯⋯ 47

第三章　整理妙招：用编故事的方法构建信息数据库

创意整理术 23
鹤见良行工作术中的数据库妙招 ·············· 50

创意整理术 24
用记事本创建自己的词典 ·············· 54

创意整理术 25
我的米其林美食卡 ·············· 56

创意整理术 26
严格挑选人脉 ·············· 58

创意整理术 27
把想看的书和想见的人加入到"关注列表"中 ·············· 60

创意整理术 28
让书架变身为知识数据库 ·············· 62

创意整理术 29
把社交网站当做论文写作工具 ·············· 64

创意整理术 30
用照片创建故事数据库 ·············· 66

创意整理术 31
给不好记的东西"添油加醋" ·············· 68

创意整理术 32
"出租车导航"与"指挥部下"的相同之处 ·············· 70

创意整理术 33
用编故事的方法构建信息数据库 ·············· 72

第四章　五感妙招：品味来自眼、耳、口、鼻、身的感动

创意整理术 34
思考是生理现象 ·············· 76

创意整理术 35
晚上九点前睡觉 ·············· 78

创意整理术 36
使用眼罩的睡眠妙招 …………………………………… 80

创意整理术 37
早起淋浴，洗出好创意 ………………………………… 82

创意整理术 38
在秘密花园进行游牧式工作 …………………………… 84

创意整理术 39
在办公室里开个茶会 …………………………………… 86

创意整理术 40
用简单工作激发创造力 ………………………………… 88

创意整理术 41
用钢笔画线 ……………………………………………… 90

创意整理术 42
思维卡壳时，奔赴现场接地气 ………………………… 92

创意整理术 43
一秒两步，走出好创意 ………………………………… 94

创意整理术 44
播放自己的主题曲 ……………………………………… 96

创意整理术 45
确定开始工作时的仪式 ………………………………… 98

创意整理术 46
吃些升糖指数低的食品 ………………………………… 100

创意整理术 47
找到激发创意的模式与风格 …………………………… 102

第五章　思维妙招：与创意邂逅，与创意离别

创意整理术 48
两个思维路径 …………………………………………… 106

创意整理术 49
翻转创意的"阴阳思维法" …………………………… 109

创意整理术 50
直指本质的"三角思维法" ············· 112

创意整理术 51
用实体工具来构思创意 ················ 114

创意整理术 52
改变语调 ·························· 116

创意整理术 53
多看些"好东西" ····················· 118

创意整理术 54
通过定位图促发形象思维 ·············· 120

创意整理术 55
在曼荼罗九宫格上下点功夫 ············ 122

创意整理术 56
用杂志碎片做拼贴图板 ················ 125

创意整理术 57
妙用同义词词典 ···················· 128

创意整理术 58
使用PPT进行"单人创意头脑风暴" ······· 131

创意整理术 59
善用搜索引擎，与创意建立链接 ········· 133

创意整理术 60
用朋友的网络弥补自身的不足 ·········· 136

创意整理术 61
在网上向素不相识的人求助 ············ 138

创意整理术 62
硬盘是个聚宝盆 ···················· 140

创意整理术 63
先别说出结论 ······················ 142

创意整理术 64
与创意邂逅，与创意离别 ·············· 144

5

第六章　构思妙招：改变固有视角，借鉴成功方法

创意整理术 65
向值得尊敬的人偷学"方法" ································ 148

创意整理术 66
替换分母，提高自身价值 ································ 151

创意整理术 67
创造新分母 ································ 154

创意整理术 68
用"矩阵乘法"从旧事物中找出新意义 ································ 156

创意整理术 69
他山"结构"，可以攻玉 ································ 159

创意整理术 70
模仿大人物，复制伟大创意 ································ 161

创意整理术 71
切换视角，换位思考 ································ 163

创意整理术 72
配合对方，下调视线 ································ 165

创意整理术 73
打造自己的制胜模式 ································ 167

创意整理术 74
换个发型，打破自己的模式 ································ 170

创意整理术 75
去旅行 ································ 172

创意整理术 76
好东西自有其好的原因 ································ 174

创意整理术 77
重要的是传递信息 ································ 176

创意整理术 78
改变固有视角，借鉴成功方法 ································ 178

第七章　决策妙招：留出空白，等候创意降临

创意整理术 79
迷茫的时候，先找人聊一聊 ·············· 182

创意整理术 80
利用上司，自然干劲十足 ·············· 184

创意整理术 81
你的工作有 80% 是没用的 ·············· 186

创意整理术 82
行动有规有矩，工作有声有色 ·············· 188

创意整理术 83
越重要的事越易被忽视 ·············· 190

创意整理术 84
会议四大法则——开会时必须守住的底线 ·············· 192

创意整理术 85
日程表与会议记录要配套使用 ·············· 194

创意整理术 86
拥有装满偶然力的口袋 ·············· 197

创意整理术 87
勿忘，人固有一死 ·············· 199

创意整理术 88
"预告全垒打"的感觉真好 ·············· 201

创意整理术 89
留出空白，等候创意降临 ·············· 203

出版后记 ·············· 205

前　言
小山龙介和原尻淳一关于"创意"的对谈

小山：我在美国商学院念书时，曾在硅谷实习过三个月左右。当时最让我吃惊的是在那里工作的人都非常开朗阳光。他们真是在享受工作。这并不只限于美国人，在那里的日本人、中国人、印度人大家都是这样的。即使工作不全是那么好玩的事，也完全感受不到日本常见的那种封闭的社会氛围。

原尻：日本人为什么不能高高兴兴地工作呢？您认为有什么原因呢？

小山：因为美国的文化根基中有"享受创意过程"的氛围吧。就算你想出的点子再没劲，马上也会有人提出表扬："真棒呀！"然后鼓励你说："试试看吧！"即使失败了，人家也会说："不错的尝试！"这就是美国创业者精神的真髓。我深受硅谷这种风气的影响，创建了"Idea In Action"这个公司。正如字面意思，我创建的是一个将创意付诸实践的公司。

原尻：你还自称为"点子实践狂"吧。（笑）

小山：但是，这世界真的是能将好点子付诸实践的人才能笑到最后呀。就算再小的点子，只要好，我就立刻将它变成生意。与其思前想后，犹豫不决，不如干脆做做看。所谓船小好调头嘛。以前的点子还真有几个变成了买卖。虽然有失败的经历，不过有几个还算是成功了吧。（笑）

原尻：话说，你从美国给我发来的邮件中，最有冲击力的是"生存术"（Life Hack）①的相关话题。说的是如何找到把事情变得既简单又无压力的技巧，并对这些技巧做了一些介绍。那时候我真觉得兴奋不已，有种在看电视购物的感觉。我当时还在想："这是骗人的吧。"可实际上试了一试之后，发现真能用呢。

小山："Hack"的意思是侵入人家的电脑，然后进行破坏。所以给人的印象比较负面。但它原本也有这样的意思：虽然方法有些粗暴，却能手起刀落，干脆利落地将混乱不堪、毫无头绪的难题解决掉。所以"生存术"（Life Hack）在这里的意思就是轻松解决（Hack）纷乱的生活问题（Life）。然后这个理念跟我在硅谷工作时感受到的思想是完全一致的。

原尻：我当时立马觉得从公司前辈那里学到的工作技巧正好对上"Hack"这个词。所以，我后来将自己脑子里的工作技巧全都变成了文字。我觉得这种技巧才真正需要传授给自己的部下。

例如在写商业计划的时候，不能一上来就开始做展示资料，而是要亲手写出大纲，待上司确认点头之后，再开始制作。再比如只在一个页面写一个意见（内容太多，挤得太满的话，听众都无法理解你到底想要说什么了）。虽然都是具体的做法，很细，但是这种"计划"和"规则"都是公司前辈跟我分享的智慧呢。我觉得这些智慧的结晶其实都是能让工作顺利展开的"hack"。

所以，如果我们跟大家共享这些妙招（hack），不仅能让整个团队的效率能得到提高，更重要的是还能使产生团队特有的文化，我觉得这点是非常棒的。

---

① 具有代表性的生存术网站有 Lifehack.com.org（http://www.lifehack.com.org/）、Lifehacker.com（http://www.lifehacker.jp/）等。Lifehacker 日文版已经上线，网址是 http://www.lifehacker.jp/。本书作者（小山）担任该网站的编辑委员会委员。

我们正在探索催生金点子的"方法"

小山：原来如此。不过话说回来，那时我们往来于日美两国之间的邮件真是好玩呢。

原尻：是呀，挺有趣的。

小山：因为生存术的概念与我工作的特点正好一致，而且我们还有广告市场营销这一共同的职业背景，于是我们就创造出了"金点子催化剂"。

原尻：对呀对呀。那些邮件里面最好玩的还是一些技巧和妙招。比如构建数据库，迅速处理完工作的点子，或是笔记的记录和整理方法。然后除了催生创意的工具之外，还有一些规则和方程式，比如怎样创建适合创意生长的环境以及准备活动。

小山：我们还有一个核心内容，那就是"着眼于本质"。这里说的本质其实是能够催生创意的体系（参考"创意整理术概念图"）。我觉得如果能经常意识到这个流程，就很有可能催生更好的创意和点子。在这个意义上来说，我们思考的不是治标不治本的雕虫小技，而是能够紧紧抓住本质"治本之法"。

原尻：的确如此。我一直都在探索治本之法。我也相信只有这些方法才具有真正的创造性。从眼睛看得见的输出信息中，深挖出隐藏在本质中的方法。然后将这种方法活用到自己的工作领域。这就是我们一直用心在做的事情，咱俩共同的关注点和兴趣点也就在这里吧。

小山：你刚才说想传授秘技给部下是吧。你的部下都是多大年纪的？

原尻：都是进公司大约四五年的，27岁左右吧。他们对工作内容都熟练到了一定程度，往后的工作大多是处理些一些实务，或是需要承担更多责任。真心希望他们能掌握这些妙招呀，之所以这么说，是因为我大概也就是这个年纪的时候开始遭遇工作上的瓶颈的。

大概每个人都遇到过这种情况，那就是以往用的工作方法已经不再适用。我自己也遇到过，正好在遇到瓶颈无法突破的时候，这些妙招帮我打通了这些关卡。所以这里我有很多信息，想传达给那些正因为工作上的关卡而停滞不前的年轻人。

小山：原来如此……不过这种方法也不局限于进入社会工作的人。凡是想要构思创意，或是对这些"治本之法"感兴趣的人，相信都能从这里找到可以收为己用的好方法。现代社会的各种场合都需要创意啊。正因如此，我们更需要重视创意和点子的构思技巧，做好万全的准备，让自己随时随地都能游刃有余。

Chapter 1　信息处理妙招

留住稍纵即逝的创意

创意整理术 01
手机挂件挂支笔

第一个要介绍的妙招是"必须随身带支笔"。俗话说"笔杆子能当枪使"。**其实对于构思创意来说，笔杆子也是件强大的武器。**要是没带上这件武器，难得的灵光一闪也会很快消失在记忆的彼岸。

比如我们跟朋友天南海北地一通瞎聊。在那些不经意间脱口而出的玩笑中，必定也有很多精辟之处。只是大家聊得正在兴头上，很少有人能记住它们。但一个人能否成为"创意黑客"（Idea Hacker），**就看**他能不能尽快将这些稍纵即逝的创意记在纸上了。

不过话说回来，为什么这些好点子总是很快就被忘记呢？那么经典的主意，理应给人留下深刻印象才对。可是事实是残酷的，好记性不如烂笔头。过不了多久，那些好点子就会从你的记忆中消失得无影无踪，空留一声叹息："哎呀，当时想出了个超经典的主意，是什么来着？"

事实上这是有原因的，因为好的创意常常是一种**"意外的收获"**。

在《怎样想出金点子》（阪急交流社）这本书中，詹姆斯·W·杨做了这样的定义：**所谓金点子，是既有要素按新方式组合而成的产物。**即使信息是旧的，也能按照新的排列方式进行重组。这就是金点子诞生的瞬间。比如说，医院和快餐店两个都是人们熟知的东西，如果我们将两者合二为一，就能想出"得来速①"式就诊机制。这也是个不错的点子。

不过这类点子在记忆方面存在一些问题，那就是组合方式是"新的"。正因为这种灵感是旧信息的新组合，是前所未有的，所以总是很难记住，过不了多久就会忘记。而且，一旦忘掉之后，就算你再怎么搜肠刮肚，回忆起的也只能是"隐约记得那是个意外组合方式的产物"。就算你再怎么努力想要重新梳理当时的思路，也很难再抓住一丁点蛛丝马迹了。

我带着这样的问题，进行了无数次试验。终于找到了一个随时都能将灵感记下的方法。那就是"随身携带一支笔，走到哪里在哪记"。

纸张倒是随处可见。比如咖啡厅的纸巾、杯垫。如果你随身携带名片，那么名片的背面也是个不错的选择。可是笔却不是想找就能找到的，去找别人借又太麻烦。所以我们有必要随身携带一支笔。

上衣插一支，记事本里插一支，公文包里也插上一支。这样一来，在大多数场合，我们都能确保笔不离手。还有一些能挂在钥匙链或手机挂件上的微型笔可供我们使用。这样我们就能跟"糟糕，没带笔！"的状况说拜拜了。

现在我来说下笔的种类。从可以适用于多种纸质这点来说，我个人推荐水性笔②。如果纸质不够好，就很难用油性笔往上写东西。比如说咖啡厅的纸巾，用油性笔写起来就有点困难。而水性笔的话，虽然墨水会晕开一点，但写起来还是很顺畅的。

接下来我会为大家介绍一些妙招。比如如何把好的创意从脑子里

---

① 得来速（音译自 Drive-through 或 Drive-thru）是一种商业服务，常见于餐厅，顾客可以留在车内取得服务。
② 推荐可以写小字的细笔。我比较喜欢用 Pilot 的 Friction 笔，因为这种水性笔是可以擦掉的。

钥匙链上的笔。换成智能手机之后,便把笔挂在手机上了。

输出,然后如何对这些输出的点子进行管理。这些都是创意黑客的基本技能。

如果一个人珍惜灵感闪现的瞬间,他会毫不犹豫地将其记录在案。只有当你开始记录你与灵感邂逅的点点滴滴,你才能成为灵感的"钟爱之人"。

创意整理术 02
名片夹里暗藏创意

笔的问题解决了,接下来是怎么解决笔记用纸的问题。就像前文提到的那样,这个问题的结论是,不用太纠结于笔记用纸的问题。你只要随身携带一个小记事本即可。就算没有记事本,地球上也到处都是可以记东西的纸。

真正的问题其实在后面,那就是记了笔记的纸张很容易丢失。

很多人记了笔记后就不管了,这种情况最容易造成笔记的丢失。例如你把笔记扔到未经整理的办公桌上,它就很有可能变成"资料海洋"里的一颗尘埃,或者是一不小心错写在其他记事本上,结果必然是行踪不明了。**笔记的问题在于如何妥善地保管。**

那么,我们该把这些笔记保管在哪里呢?

如果是商务人士的话,他们有一个"法宝",能够确保记笔记的纸张

名片大小的纸张。名片夹里除了放公司名片,还暗藏十张左右的笔记用纸。

不丢失，那就是名片夹。谁都不会轻易丢掉别人递来的名片，谁也不会让自己的名片无家可归。如果把满载创意的重要纸张放入名片夹，我相信是肯定不会丢失的。

我还经常使用跟名片夹大小相当的纸张来记笔记。如此一来，就能藏入名片夹，随身携带了。

与一个好创意邂逅，也许一生仅此一次。希望大家能够将它小心收入名片夹，带着与好创意"交换名片"的想法来对待它。

创意整理术 03
尽快忘掉刚才想到的主意

当别人问你"为什么要记笔记"时,如果你回答"是为了记住那些点子",那只能说你级别太低,离"创意黑客"还有很长一段距离。也许你会觉得这么说不可思议,但高级别的"创意黑客"肯定会这样回答:"记笔记是为了遗忘。"

人的记忆有长期记忆和短期记忆之分。短期记忆顾名思义,是为了进行短暂记忆而存在的。当我们进行复杂操作时,短期记忆会全面开工,提供支持。

但是这种短期记忆的容量是有限的。如果我们想要记住灵机一动而闪现的好点子,则用于其他操作的短期记忆容量就会减少。这和电脑工作的情况很像,如果我们同时打开一堆程序,电脑运转速度就会变慢。

为了避免这种状况的发生,高手们都会将点子记录下来,然后便立即抛诸脑后。所以我们是在用记笔记的方法,**将大脑中的信息转移到纸上,释放短期记忆的内存,以确保有足够的空间支持其他操作。**

但是也存在具有超强记忆力的人。这类人过目不忘,见过一面就会记住,开会无需笔记也能记住会议内容。我们知道这种人实际上是动用了长期记忆,他们利用因果关系或背景故事来整理信息,将其收

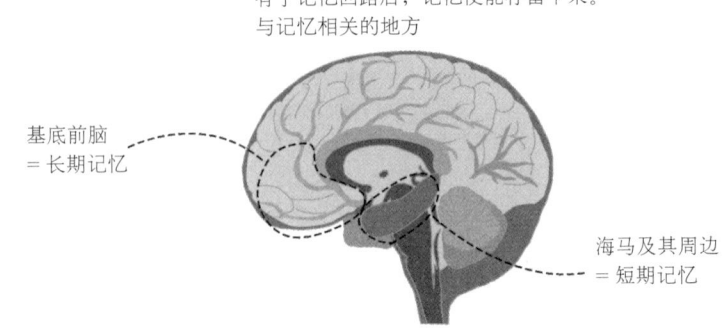

清空短期记忆

纳于脑中。

　　另一方面，点子是用新方法重组旧信息而得出的产物。它是一种新的组合方式，且没有背景故事作支撑。所以即使我们想用长期记忆来记住它，也很难如愿。为此我们不得不依靠短期记忆来帮忙。如果企图强行记忆的话，必然会导致工作效率低下。

　　我们说"好点子也需烂笔头"的原因就在如此。

创意整理术 04
尽早扔掉记录了创意的笔记

接下来是**尽早扔掉写下来的笔记**。对,横下心来,果断扔掉。

记下笔记后,人容易安下心来,然后就会连记了笔记这件事都忘得一干二净了。难得的一个好主意,却没法付诸实践,最后只能惨遭遗忘,这种风险是存在的。

要说笔记,那就是一块生肉。只有上锅蒸煎炸炒一番,才能成为喷香扑鼻的美味佳肴。如果你将它放在一边,置之不理。它的命运只能是鲜美不再,蝇蛆丛生。同理,为了记在纸上的点子能够派上用场,我们需要养成一个习惯——**不积压笔记库存,及时使用,用罢即扔**。

为了扔掉这些笔记,我们有必要找个地方把笔记内容重新整理一番。

①记事本

整理笔记的平台,首选记事本。哪怕只是单纯地将笔记中记满的点子仔细誊写到记事本上,我们的思维也能在这个过程中得到整理,这些点子也能接上地气,变得越来越实用可行。没有时间的人,也可以直接将记有笔记的纸贴到记事本中。即便如此,也比放任不管要有效得多。整理的关键是按时间顺序记录。这样一来,等到日后再翻看时,我们就能一边回忆大概的时间点，一边进行搜索。①

②跟别人聊一聊，或是发封邮件

此外也有人找人聊天，以此整理自己的思路。因为你需要向对方传达信息，所以你会有意识地注意"要跟别人说清楚"，原本零散的点子也会因此联系在一起。而且有了对方的反馈，还能为你激发出新的灵感。②

我还推荐另一个方法：将想到的点子写进邮件，发给别人看。这跟聊天时一样，你会有意识地注意要跟人把话说清楚，所以你的点子能在这个过程中得到整理，还能留下确切的记录。

③写到博客或 SNS 上

还推荐一个方法：写进博客里。从 1996 年开始，我便在网站上写日志。那时博客还没流行起来。写着写着，我便养成了一个习惯，那就是把一些看似不起眼的小点子都记下来，以备日后之需。要是有读者的话，那便更是干劲十足了。人们因你的点子，或惊讶或喜悦，**这些反馈都能促使你不断将脑子里的创意输出。**

社交网络服务（SNS）也是很给力的输出平台。Facebook 采用实名注册制度，朋友网络中的人脸和名字都能保持一致。这样的平台让你能放心发表你的点子。朋友们也会对你直言不讳，发表他们的意见和反馈。③

将这类信息整理方法归纳成两种输出模式，结果便如下图所示。

---

① 请参考"创意整理术 09：按时间顺序管理记事本"。
② 请参考"创意整理术 79：迷茫的时候，先找人聊一聊"。
③ 请参考"创意整理术 06：用博客公开创意，用 SNS 扩散创意"。

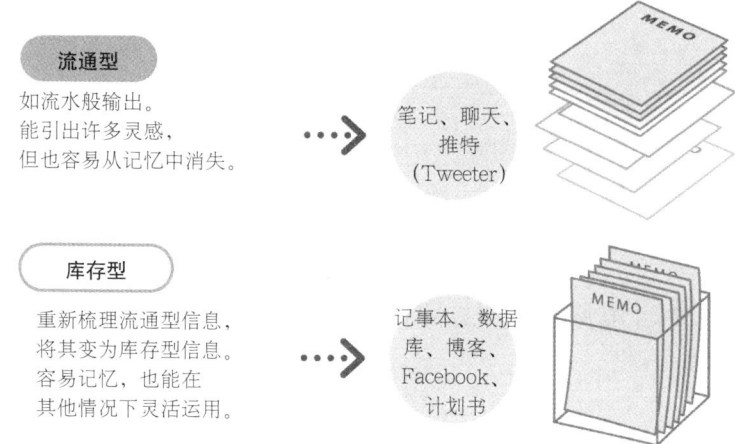

两种输出模式

如果我们只管流通型信息的话，最终什么都记不住，好点子也无法变成现实。**所以我们需要常常对这些流通型信息进行整理，将其变成库存型信息。**而记事本或电子邮件，甚至博客和 Facebook 都能成为它的库存平台。

创意整理术 05

用语音笔记输出你的创意

刚才我向大家介绍了一个输出点子的方法——跟人聊天。但是在快节奏的社会,并不是随时随地都能找到一个人来认真听你说话的。即便找到了一个聊友,若是聊得忘乎所以了,那么好不容易闪现的灵感也会从指缝溜走,等于又绕回起点了。这时候语音笔记就能助你一臂之力。

著名作家西德尼·谢尔顿(Sidney Sheldon)等人的写书方式很有名——用口述的方法来写书。如果能把口述的写作方式运用好,就能形成强大的输出模式,这种模式强大到可以用来写书。实际上我在写这本书的时候,也尝试了一下语音书写法。其威力之大,让人不得不拍案称奇。

比如即便刚开始张口说话时点子还没成形,说着说着,你就会发现获得了很多意想不到的收获。你受到自己言语的触发,大脑里就像即兴剧开演了一样,故事情节不断展开。[①]这个语音笔记有几个关键点。

一个是"一段音频,一个点子"的原则。笔记要言简意赅,一段

[①] 为了让自己掌握这种即兴表演能力,我(小山)还报了个即兴表演班。关于这个班的效果,我在本书的续篇《IDEA HACKS! 2.0》(东洋经济新报社)中会涉及。

音频只说一个点子。这是我们需要贯彻的原则。当我实际尝试语音笔记后，发现话匣子一旦打开，就很容易收不住。事后再倒过去重听，就会觉得非常痛苦。

还有一个是**边走边说**。配合着走路的节奏，语调也会变得非常舒缓。行走的过程中，眼前的风景不断变换，你的心情也能随之不断转变。

此外，边走边说还有个好处。那就是不会招来别人奇怪的眼光。若是站在一个地方自言自语，很容易会被别人质疑"那个人在干什么呀？"你自己也很难坚持下去。语音笔记最大的一个障碍便是旁人诧异的目光——"他在录音，很可疑呀……"所以我推荐这种"边走边录"的方式。

顺便一提，我使用的是 iPhone 的录音功能。其他非智能机也有这种功能。正式的演讲或研讨会，我一般都用录音笔来录音。不过如果是想尝试一下语音笔记的话，倒没有必要专门去买个录音专用设备。利用好手上的资源就足够了。

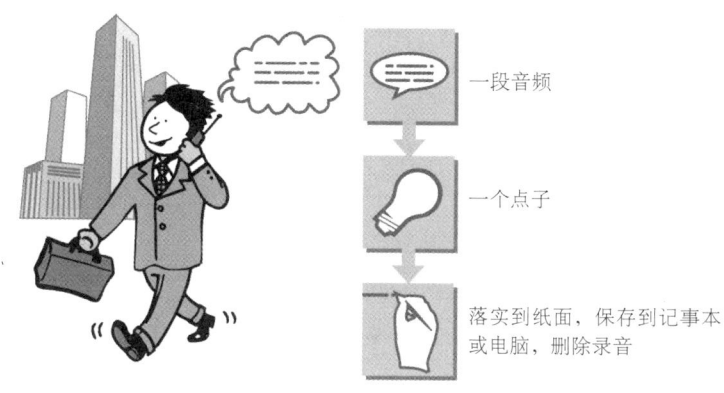

"一段音频，一个点子"的原则

创意整理术 06

用博客公开创意，用社交网站扩散创意

现在大家已经完全习惯写博客了。它最早是用来写网络日志的，而现在博客已经不仅仅是网络日志，更是记录我们生活点滴和想法观点的媒介，也是用来存储点子的好平台。

我（小山）正在运营一个共同执笔的博客，当做仓库使用。名叫BLOOM CAFE（http://www.bloom-cafe.com/）。这个博客有多位博主共同写作，发挥协同效应，可以吸引许多读者，这是其优点。大家不妨也试试邀上几位好友，开个这样的共同博客。

这种仓库型博客刚刚起步时，如不加以宣传，想必也无人问津。好不容易写出点什么，还是希望更多的人能来看看吧。我们可以利用Facebook的"好友推荐"按钮[1]，或是使用Hatena网站的书签功能[2]。设置好后，看过的人就能很容易地将你的文章推荐给别人。这样信息便流动起来了，你的读者群也会随之扩大。

这样一来，我们便有了一个工作流程，即用博客存储点子，再用SNS让它流动起来。

---

[1] Facebook 的"好友推荐"按钮设置难度较高。详情请参考 http://www.facebook-japan.com/line.html。

[2] 各个博客的 Hatena 书签设置方法，请参考 http://b.hatena.ne.jp/help/button

创意整理术 07
手机笔记法

说到随身携带、形影不离的工具,首选肯定是手机。最近以智能手机为代表,手机的功能越来越多。其实我们在构思创意时,也可以使用这个工具。我在电车上,经常使用**手机的备忘功能**,随时记录想到的东西。

手机让我们即使没有纸笔也能做笔记,最重要的是这样记笔记的动作非常自然。如果你掏出纸笔写写画画,别人一眼就能看出你在记些什么。而用手机记录的话,在旁人看来就像是在发短信一样,没有什么奇怪的。

再者,电车还有个优点。那就是它的环境很适合想主意。首先,**电车内热门信息比比皆是**。头上悬挂的广告牌上满载着时事信息,新产品的广告也像走马灯一样不断更换,不会让你觉得腻味。人多也是一大优点。每个人所拥有的信息量更是巨大。从发型、眼镜、背包,到动作、气场、表情。可谓是大千世界,应有尽有。总有一个能勾起你的兴趣。

还有节奏。恐怕没有一种交通工具可以像电车那样让人能够亲身感受到节奏了。所以在电车里,我们可以很舒服地接受各种各样的刺激。这种环境对构思点子而言,是求之不得的好场所。[①]

[①] 请参考"创意整理术 17:一站地,三首歌的点子"。

我还在构思点子的方法上下了些功夫。**我给自己设置时间限制，用玩游戏的心态来构思。**

例如我给自己定个题目："想一个适合年轻女性喝的新酒类商品。"并要求自己在车从新宿站开往池袋站的这段时间内完成构思。首先，我会在车里找个符合目标人群条件的女性。然后去思考如果是她的话，适合什么样的酒。然后将想到的要素不断列举出来。接下

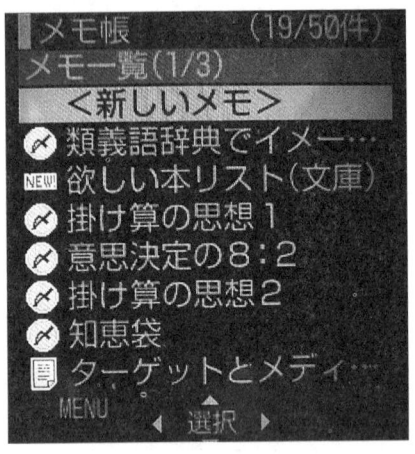

排列的是本书目录的原案。就连日本独自研发的非智能机也能记笔记。

来，将这些要素进行组合，不断酝酿出新的点子。

目标人群就在你的眼前，想必你脑子里的形象也会不断丰满起来吧。在往返的车内，轻轻松松想出二十来个创意也不在话下。

我事后再重新看一下这些笔记，**挑出几个用得着的创意，发送邮件到家里和公司的电脑上。**像这样有意识地把点子都存储起来，今后写计划书或开发新业务时，就能随时提取，随时使用了。

如果你是智能手机用户，推荐使用 **Evernote**（http://www.evernote.com/）的 APP。在手机上装了这个软件，再装一个到电脑上，你就能实现数据的无缝式共享。它的普通账户是免费的。

实际上这本书中的点子，几乎都是在上下班的电车中记录下来，然后眷写到电脑里的。恐怕车里没人能想到我是在用手机写书吧。

创意整理术 08
思维导图笔记法

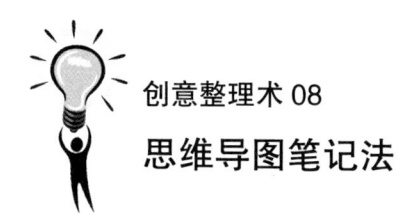

我最受不了耗时长的会议，每次都处于游离状态，等到回过神来的时候，才发现自己在开小差，这总是让我错过一些重要的数字。于是我告诉自己"要专心致志，不要开小差"。可是我越努力地告诫自己要专心，就越没法集中精力，神游得越厉害。

后来我用了思维导图[①]**做笔记**，这种方法帮我解决了思维涣散的问题。它的具体做法是以从中心向四周放射的方式做笔记，将想到的东西自由地进行连接，不断记录。

笔记像树枝一样呈放射状地生长。例如广告项目，有广告手法的树枝、广告效果的树枝、产品活动日程的树枝、广告预算的树枝等。我们可以同时给这些树枝做记录。所以就算会议途中，话题突然转换，我们也能轻松应对。

使用了思维导图后，就算思维再跳跃，也能够顺畅地进行记录。就算开始思考别的东西，思维导图也有足够的灵活性，让你立刻开始做新的笔记。这样一来，反而能提高精神集中力。这种笔记方式能让你体验到大脑运转不断加速的感觉。

[①] 东尼·巴赞提倡的图示化技巧。

用了这个方法后,我们就能在听人介绍计划的同时,把当场撞击出的灵感火花整理出来。这种高端技巧做起来却是易如反掌,当我们领会客户的意图后,他之后说的话只需竖起一只耳朵,听个大概就行了。剩下的精力用来奋笔疾书,把当场想到的创意和灵感落实到书面上。于是你就能永远跟"无聊会议"、"发呆会议"说拜拜了。

此外,我们也能用思维导图来做会议记录。开一场会,总有很多人说很多话。想要认真总结,可是相当费工夫的。不过,思维导图适用范围广,即便会议上大家七嘴八舌,你方唱罢我登场,我们照样能交出一份像样的会议记录。

就像这样,当会议信息不断流动的时候,我们就应该选择动态的记录方法。这是很重要的。普通的记录方法适合线性、条理清楚、单向流动的信息,不适合记录非线性的信息。而思维导图可以说是**专为存储非线性流动的信息而设计的记录方法。**

顺便一提,这种思维导图也能用电脑来制作。如果你想找个简单

思维导图笔记法
这个不能叫做思维导图,而且乱七八糟的,别人根本看不懂。不过这种"动手写写画画"的行为倒是能够刺激大脑思考。

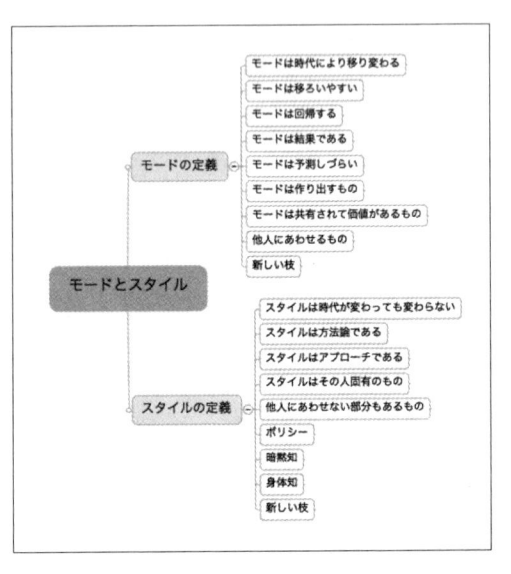

的入门软件，那可以用 FreeMind，它是免费的。有个网站叫"玩转 FreeMind 俱乐部"（http://www.freemind-club.com/），上面有很多实用的方法，非常方便。这种软件 Windows 版和 Mac 版都有，所以不同操作系统之间的数据传输也不成问题。

如果你想制作成甘特图，方便工作使用的话，推荐 MindManager（http://www.mindjet.com）。

创意整理术 09
按时间顺序管理记事本

前面我们看了如何记录属于流通型信息的创意，接下来我想思考一下与这些信息的存储平台——记事本有关的妙招。

我们会不断往记事本里添加更多信息，所以如果不事先制定一个规则，进行严格管理的话，到了紧要关头就会出现手忙脚乱的情况："我写到哪里来着？"

于是我们首先要做的是确保自己手中**有且只有一本记事本**。我发现不少人按照领域或客户分类，同时使用好几本记事本。可是记事本不断增加，反而会让我们忘记把创意写到具体的哪一本了。①

此外，如果出现一些跨领域或是同时跟两个客户有关的信息，我们就会纠结到底该写到哪一本里面，人们把这种问题称为"蝙蝠问题"。因为大家总是在讨论蝙蝠到底是飞禽还是走兽。

考虑到这个问题，我决定还是一次只用一本记事本。

但是，现在又出了个新问题，那就是"搞不清楚哪里写了什么"。各种纷繁的信息不断增多，记事本就会变成一个黑匣子。为了避免这种混乱局面的发生，我们就需要有个"索引"，来告诉我们哪里有什

---

① 在信息事先被严格分类的情况下，如学校上课或复习考试的情况下，分类使用记事本是非常合理的做法。但是出了社会后，我们发现的很多东西不是那么容易严格分类的。

么样的信息。

人的大脑容易遗忘很多细节的东西，不过对时间顺序倒是记得很清楚。例如我们一般不会把一周之前开的会议和前天开的会议混为一谈。至于为什么不会弄混，那是因为这背后有一些背景故事。告诉我们"有这样那样的来龙去脉，所以变成了现在这样"。

也许很多人会觉得这是很正常的，但某件事如果没有背景故事的确很难让人记住。例如一周之前吃的东西，要是没有前后的脉络，我们很快就会遗忘掉。[①]

这么一来，记住什么时候在记事本上记了笔记，就成了当务之急。在记事本上记东西的时候，**一定要写日期**。这就是方便查找信息的索引。为了不使日期顺序发生混乱，我们必须翻到新的一页，记录新一天的笔记。规则就是这么简单。

如此一来，等我们需要找跟某人开会的记录时，只需要打开日程表，查看开会时间，再根据时间去找到相应的那一页即可。

我们还需要将开始使用记事本的日期写在封面上。这样的话，我们就能从封面看出里面的内容大概是什么时候记录的了。

如果用这种方法添加索引，那即使是几年前的记录，我们也能根据开会的日期找出它来。

按照日期管理记事本，能让我们轻松找出几年前的记录。我还故意不按照月份或星期进行分类。让每本记事本都富有个性，更方便记忆。

[①] 请参考"创意整理术31：不好记的东西要给它加点故事"。

创意整理术 10

资料整理到项目文件夹中

对于资料，我采取跟记事本不同的管理方法：使用"项目文件夹"进行管理。具体做法是按照项目分类管理资料。使用不同文件夹时，可以同时切换大脑模式，有效提高生产效率。

首先，请按照项目的数量准备相应的透明文件夹。如果可能的话，最好是五颜六色的。透明文件夹也常用于传递资料文件，相信每个办公室里都有富余的。（具有可持续性的整理法的关键便是使用这类大量存在于办公室里的工具。）

然后在透明文件夹的右上方贴上标签。上面写上开始使用文件夹的日期和项目名称。这就是之前在"按时间顺序管理记事本"那部分提到的**按时间轴进行管理**。一看见日期，我们就大概了解里面装些什么文件了。

顺便一提，如果用马克笔把标签装饰得漂亮些的话，用着会心情愉快。[①]如果觉得麻烦的话，可以在便笺纸背面写上标题，然后贴在透明文件夹的内侧也行。

做好了带日期的项目文件夹后，只需把资料往里放，就算作是整

[①] 最合适的标签宽度是 12mm。

理了。

然后我们再用"**排挤式文件管理法**"来进行管理。这是野口悠纪教授在《超级整理法》中推荐过的方法。

首先，按照时间顺序排列文件夹，确保越靠里的文件越老。然后，工作时抽出来的项目文件夹，放回去时要放到最前面。这样一来，老的文件夹就被自动地"排挤"到后面了，留在前面的都是经常使用到的文件夹。

这样一来，用不着的文件夹就被挤到后面。这种方法叫做"排挤式文件管理法"。日后再定期处理那些被排挤到最里面的文件夹即可。

我们像这样用**空间来定义**目前使用中的文件（它们位于"**文件架前排的位置**"），用"**日期**"**的时间轴来认识**周期较长的项目资料，其实是有原因的。

我们刚才介绍了大脑的海马区负责短期记忆。这个区域擅长对信息进行空间性的处理。人对于空间性的记忆，即便那是没有前后脉络的信息，也能短期地记忆到海马区。"书桌那边的笔记，我写了什么来着？"当我们努力回忆的时候，即使忘记内容，也能记得大概的方位。

因此，我们遵循 one pocket 原则来整理项目文件夹，就能靠资料的位置来加强认识。

这是我的项目文件夹。上面都有日期，所以新旧文件一目了然。每个颜色我都大概定了些含义，不过并没有严格执行。（因为越严密的规则，越容易被打破。）

短期记忆

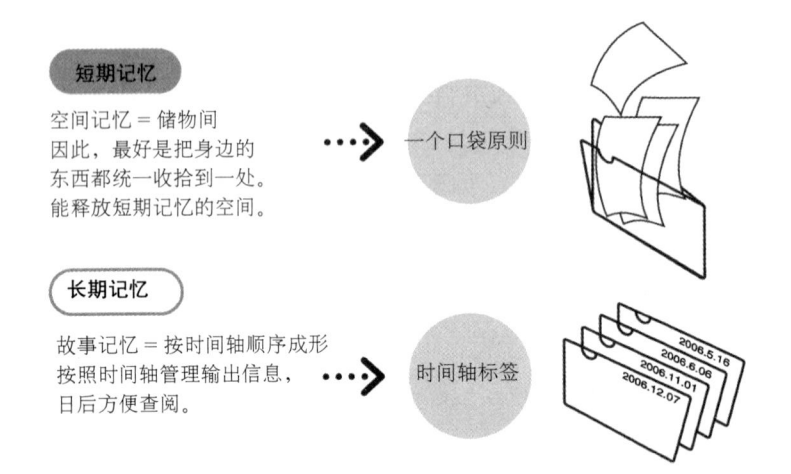

空间记忆＝储物间
因此，最好是把身边的东西都统一收拾到一处。能释放短期记忆的空间。

⟶ 一个口袋原则

长期记忆

故事记忆＝按时间轴顺序成形
按照时间轴管理输出信息，日后方便查阅。

⟶ 时间轴标签

另一方面，长期记忆是有故事情节的，是按照一定顺序来记忆的。所以我们要按照时间顺序来整理，理清时间的前后关系。就能对文件夹形成故事性的认识。

创意整理术 11
留住稍纵即逝的创意

信息妙招是创意妙招（Idea Hack）的基础部分。这里隐藏了一个重要的主题，那就是**"库存与流通"的概念**。当我们将信息重新分为库存型信息和流通型信息进行把握时，管理信息和输出信息都不再是难题。

我们可以把记笔记和整理笔记看作是把当下捕捉到的流通型信息转换为库存型信息的操作。很多信息如果放任不管，就会白白流失。我们如何留住这些信息？如何正确捕捉流通型信息？如何进一步将其转换成库存型信息？这些都是很重要的课题。

信息流通越活跃，就能在脑海中激发越多灵感，带出更多的金点子。但是大脑却不擅长存储信息。正因如此，我们应该减轻大脑的存储负担，尽量让它集中精力去处理流通型信息。**为了给大脑减负，我们就需要记录和整理笔记，将流通型信息转换为库存型信息。**

这种将信息分为库存型与流通型的方法，也能用于网络世界。例如微博，它能随时记录你在当下的所感所想，是流通型信息的最典型代表，它最适合用来记录每分每秒忽然闪现的灵感（流通型信息）。

另一方面，一个名为"维基百科"的网上百科全书，则可以用来管理库存型信息。我们将它放到公司内部网上，便能利用这个工具，

26　整理的艺术 3

```
流通（短期记忆）= 微博式的信息流通方式

信息输入 → 在大脑中处理 → 信息输出
         ↑    反馈    ↓

存储（长期记忆）= 维基百科式的信息流通方式

作为参考信息
长期保存
```

在公司内共享知识。这时，只需根据适当的规则，将便于搜索的信息储存进去，它就能体现出价值。

有意识地将信息分为流通型信息与库存型信息来进行处理。这是构思创意过程中的一大重要步骤。认清信息的不同类型，按照不同类型，正确使用不同工具和技巧。这便是创意妙招的基础。

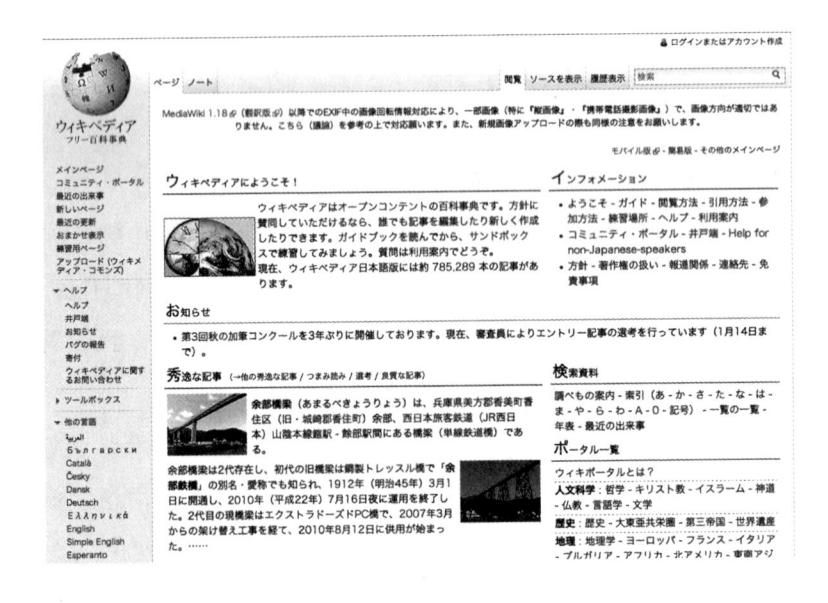

维基百科管理的库存信息非常庞大，约有 400 万个英语词条，80 万个日语词条。（http://ja.wikipedia.org/wiki/）

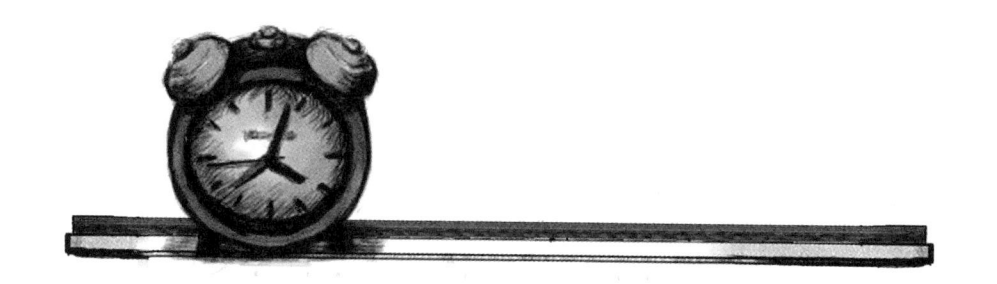

Chapter 2　时间管理妙招

抓住灵光一闪的瞬间

创意整理术 12
用电脑管理日程表

我建议大家一定要用电脑来管理日程表。写在记事本上的日程表和在电脑上管理的日程表虽然很相似,却不是一回事。后者与其说是日程表,不如说是**用类似项目管理的方法来管理日程表**。

例如商学院有项目管理的课程。课堂上还会教微软"Project"软件的使用方法。从商学院专门在课堂上教授软件用法这一举动来看,项目管理与电脑之间的关系是非常密切的。

第一个原因是**电脑能随时应对变化无常的情况**。本来预定昨天做的工作挪到了今天,则后面的日程全都要跟着往后移,这种情况也是家常便饭。纸质日程表需要不断涂改、誊写,所以不是每次都能应对

电脑日程表如果用的是 Google Calendar,也可以在智能手机上查看。此外,保存到云端后,可以轻而易举地与团队成员共享日程表。

最终空余时间会越来越少。还有同一时间段有两个日程计划（Double Booking）或三个日程计划（Triple Booking）的情况。这是因为同时显示了上司和部下的日程表。

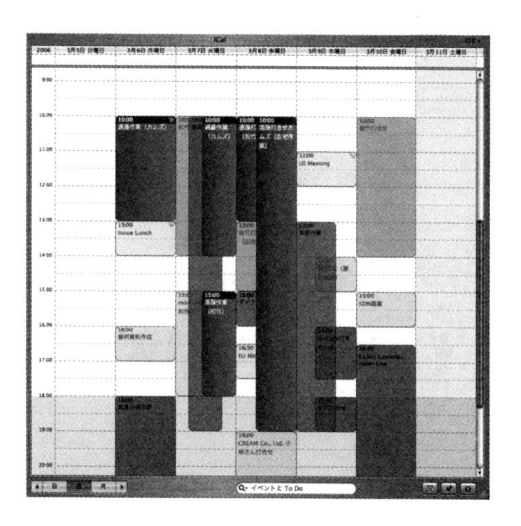

这样的情况。这是用电脑进行日程管理的一大优点。

第二点是我们**可以自由地选择日程表的显示形式**。只需调整日程表的显示区间，就会就能一览一天、一周或者一个月的全部日程。这样我们便可以从不同的视点来查看日程。如果你想在纸质日程表上进行这样的操作，你就必须亲自动手，眷写每天的日程表，凑够一周或一个月的才行，这个工程量可是不小。

第三个好处是**电脑可以同时记录多个日程表**。假设你有两个部下。你的日程表中记录部下的日程计划了吗？肯定是没有吧。但是你用电脑就能搞定它。

使用电脑日程表管理软件，我们可以在同一时间内记载多个计划项目，就算是四五个人的日程管理也是小菜一碟。[1]

它能够灵活应对不停变化的情况，以不同的时间单位查看日程表，还能同时记录多人的计划安排，帮你进行简单的项目管理。

接下来，我会为大家介绍一些妙招，利用日程表软件来管理日程。

---

[1] 请参考"创意整理术 20：同时记录别人的日程表。"

创意整理术 13
星期五晚上确认下周的日程

以性格来说，我不是那种杞人忧天的人。可是一开始干活，我就会担心第二天的事，担心得睡不着觉。这种"担忧"正是压力的根源。在构思创意时，它总会拖我的后腿。

为什么会担忧呢？有没有方法能帮我们消除担忧？于是我尝试了"剿杀担忧运动"，绞尽脑汁，消灭"担忧"。然后我找到了一个解决方法，**那就是养成习惯，定时查看日程表。**

例如我们一般星期一早上确认日程。这时新一周的工作已经开始，如果上周工作耽误了的话，局面就很难再收拾了。这样一来，你在星期六和星期日的休息时间里，也会惴惴不安，担心是不是有什么工作还没做完。结果难得的周末时光，就这样泡汤了。

然而，如果我们将查看日程的工作放在上个星期五，就能安然享受周末的美好。就算有什么不足之处，我们还能用星期六、日的时间来补救。

实际上每天的日程查看也是如此。不应早上到了公司后再确认，而是该在前一天晚上提前做好。这样你晚上也能安心睡个好觉。如果有什么不放心的地方，也可以第二天早上稍微早起一些，解决掉那个遗留的问题。

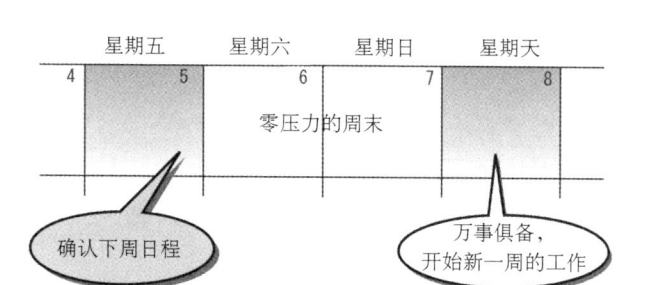

星期五	星期六	星期日	星期天
4　　　5	6	7	8
确认下周日程	零压力的周末		万事俱备，开始新一周的工作

这种做法看似简单无奇，但其实很多人都没做到这点。

总之就是**要尽早发现风险**。如果知道如何躲闪破招的话，就算对方气势汹汹地拔剑相向，也并不可怕。可是，当你查看日程、看到漏洞，却发现亡羊补牢，为时已晚的时候，你会感到非常的不安。

为了将这种不安扼杀在摇篮里，我们需要在合适的时间点查看并掌握自己的日程情况，这样就算有问题，也能及时补救。这个时间点就是星期五的晚上，或是前一天的晚上。

创意整理术 14

让你的日程表"弹性十足"

一旦忙碌起来，日程表的安排也跟着变成以分钟为单位。即便如此，我们也必须空出一些"什么都不干的时间"作为缓冲。否则，一旦发生紧急情况，整个日程安排就会陷入瘫痪。

我的做法是**给会议安排留出三十分钟的空余时间**。如果会议是一小时的，那么写进日程表的则是一个半小时。这样一来，就算会议拖长一点，我也能游刃有余地应对。会议若是按时开完，我们就能用这半个小时来干别的工作。事先留出空余的时间，是让你成为"计划高手"的关键。

用电脑管理日程后，我总有冲动想把日程表塞得满满的，但这种做法其实是不恰当的。因为就算自己能够严守时间，假如别人做不到的话，日程表最终还是会受影响。这种不确定性也是我们需要考虑在内的。

我将这种留有余地的计划安排称为"**柔软的日程表**"。

在项目管理上，这叫做"缓冲"。缓冲应该有三种：**项目缓冲**（Project Buffer）、输入缓冲（Feeding Buffer）和资源缓冲（Resource Buffer）。

项目缓冲指的是为了应对项目中的任何突发事件，而在安排上留

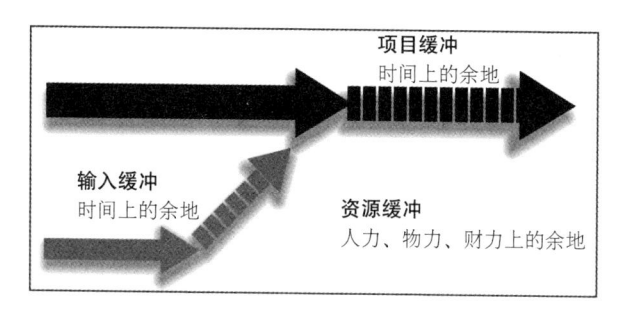

项目所需的三种缓冲

出空余的时间。虽然具体操作要比计划稍微长一些,但给自己留些缓冲的余地,心里会觉得安稳些。

第二个是输入缓冲。它指的是对于与项目关键链上的操作同时进行的其他操作,需要多留出时间作为缓冲。例如事先假设别人的工作会出现延误等。进行项目管理时,需要充分考虑别人的工作进展状况。[①]

资源缓冲指的是需要事先多准备一些人力、物力、财力,以备不时之需。其实这些都可以用财力来解决。只要手里有钱,我们可以加派人手或是外包出去,解决时间延误的问题。

事先留出缓冲"空间",管理日程表。如此一来,能够消除让人不安的因素,让我们把精力集中到构思创意的本职工作上。这和在星期五确认日程表一样,是创意妙招中不可缺少的习惯。

[①] 请参考"创意整理术 35:晚上九点前睡觉"。

创意整理术 15

耗时 15 分钟以上的工作都要写入日程表中

每次看到有人在 ToDo 列表里写"准备报告会资料"时，我就会条件反射地感慨："一定挺不容易的吧……"把这种耗时耗力的任务都写进 ToDo 列表，估计也只能一遍又一遍地往后推，最后沦落到大半夜还得准备报告会资料的田地。然后最悲惨的结局就是通宵达旦准备资料了。

这里的问题在于有些任务写进 ToDo 列表时只占了一行字，但它其实很可能要花上好几个小时才能完成。这种 ToDo 要再多来几个，你的日程表就会完全混乱掉。这就是没有准确预计工作时间而导致的悲剧。

那么我们该怎么做呢？其实答案很简单。**如果你觉得某个工作可能耗时较长，那就把它写入日程表吧。**

例如准备报告会资料，就算要花两个小时也不怕。只要我们把下午三点到五点的时间留给它，就能确保解决这个任务的时间。

我一直有意识地**将耗时超过 15 分钟的工作全都写入日程表中**。而几分钟内就能搞定的小活则放进 ToDo 列表。这样就算数量增加几个，也不会打乱我们的计划。

像这样把每个任务的工作时间都填入日程表后，我们就能渐渐对自己的工作速度和能力有了把握。即使接受新工作，我们也能回答得出大概何时开始着手做这个工作，何时能完工了。

创意整理术 16

要用零碎时间搞定 ToDo 列表

我们把耗时 15 分钟以上的工作全部填入日程表后，ToDo 列表里剩下的就都是不费时间的任务了。于是，我们就可以**利用零碎时间来完成 ToDo 里的任务**。在这里，刚才介绍过的"柔软的日程表"将再次登场，发挥作用。

我前面建议大家在"柔软的日程表"中，给会议留出半小时的空余时间。可是，如果会议按时结束的话，这段时间就完完全全空出来了。当然，你想用这段时间来放松放松，也是无可厚非的。不过，如果我们事先制作了 ToDo 列表的话，正好可以用这段时间来消化里面的任务。列表中应该都是 15 分钟以内就能搞定的任务，所以利用这段时间消灭几个，应该也不在话下。

用这种方法扫荡 ToDo 列表之后，剩下的自然就是那些必须耗时 15 分钟以上的任务了。例如写书，15 分钟是肯定完不成的，制作企划书也是一样。如果动笔开干，刚干到有感觉的时候，时间却到了，就会弄得不上不下的。如果做这些工作的时候，我们只有 15 分钟的话，就只能"出师未捷身先死，长使英雄泪满襟"了。

其实这是有科学依据的。据说人需要花 9 分钟，才能把精神集中起来去干某件事。

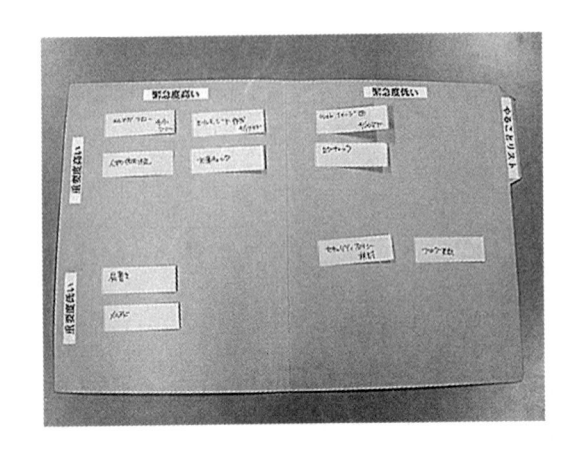

ToDo 列表还有一个管理方法。那就是打开文件夹，将便笺纸往上贴。按照紧急程度和重要程度分成四个方块。哪项任务重要，哪项任务紧急，一目了然。

假设有 15 分钟的空闲时间，集中精神开始干活花了 9 分钟，那么剩下的只有 6 分钟了。这么一来，我们还没来得及放手大干，时间就结束了。所以需要集中精神进行的工作，以及必须进行认真思考的工作，至少也需要半个小时以上的时间。

当我们懂得像这样辨别工作种类之后，我们就能正确地区分能够用零碎时间处理的工作和不能用零碎时间处理的工作了。这会影响我们对一天时间的分配。

例如，我有个开公司的朋友，绝不在上午会客。他早上六点起床，上午的整块时间都用于制作企划书之类的工作，这样便可确保有整块的时间来集中做一些工作。下午则相反，用来会见客人。然后在会客安排之间还有一些零碎时间。他便用这些零碎时间来解决 ToDo 上的小活。

创意整理术 17

用一站地、三支曲子的时间想出好点子

还有一些工作是这种日程表和 ToDo 列表没法管理的。这就是本书的主题——"构思创意"的工作。

这其实是最难用日程表来进行管理的，比如我们给自己留出一个小时来构思，却总是遭遇灵感枯竭的窘境。相反，有时候只花了几分钟，忽然灵光一现，马上就能进入状态。**这种工作就是这样，无法捉摸，不能预测。**

那么我们要怎样做才好呢？还是把它写入工作日程表里比较好？答案肯定是 NO。创意和点子可不会配合你的日程安排，说出来就出来，我们只能果断放弃这种做法。对付这类任务，**需要另一种管理方法**。一言以蔽之，就是**"充分利用放松的时间"**。

这个我们在第四章"五感妙招"中也会接触到，构思创意的工作应该利用身心放松的时间来做。有时灵感的到来，也就是瞬间的灵光一闪，并不一定要冥思苦想多久。所以时间短些也没关系，把放松身心的时间用来召唤灵感即可。

坐电车的时间就是很好的例子。比如我们假设一站地有五六分钟的时间，然后充分地利用这段时间。身体随着电车有节奏地摇摆，**脑子里也跟着不断洗牌，然后好点子便不期而至了。**

如果想要更长的思考时间，那么三支曲子的时间正好。每三支曲子平均耗时是 15 分钟，正好是可以慢悠悠地享受美味咖啡的时间。将这 15 分钟排在前面提到的"柔软的日程表"的空余时间段即可。只要事先对后面的日程计划有个把握，用这段时间忙里偷个闲，是绰绰有余的。

这里的关键在于"放松"，这可需要严格的日程管理做后盾。如果你的日程管理得乱七八糟的，你就会不停地怀疑"待会儿，应该没问题吧……"如果在不安的煎熬中度过 15 分钟，再好的点子也只能胎死腹中。正因如此，养成日程表管理的好习惯，是创意妙招的一大关键。

当然，为了构思出好的创意，我们需要大段的时间。不过大段的时间指的是酝酿发酵的时间，并不一定是工作的时间。大脑总会在无意识中对我们在意的问题进行思考，即使在睡眠中也是如此。

然后，纯熟的点子和创意，可能会在我们身心放松的时候，忽然一下从无意识跑到了意识的领地里。

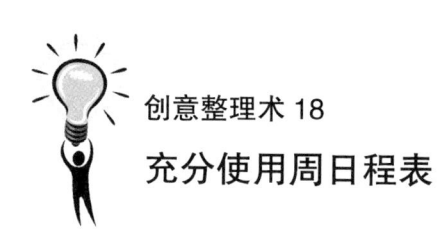

创意整理术 18
充分使用周日程表

查看日程表时，大家都最习惯**以周为单位来显示日程表**。想要把握日程表，这个时间单位是最方便的。因为大多数项目都是以星期为单位展开的。

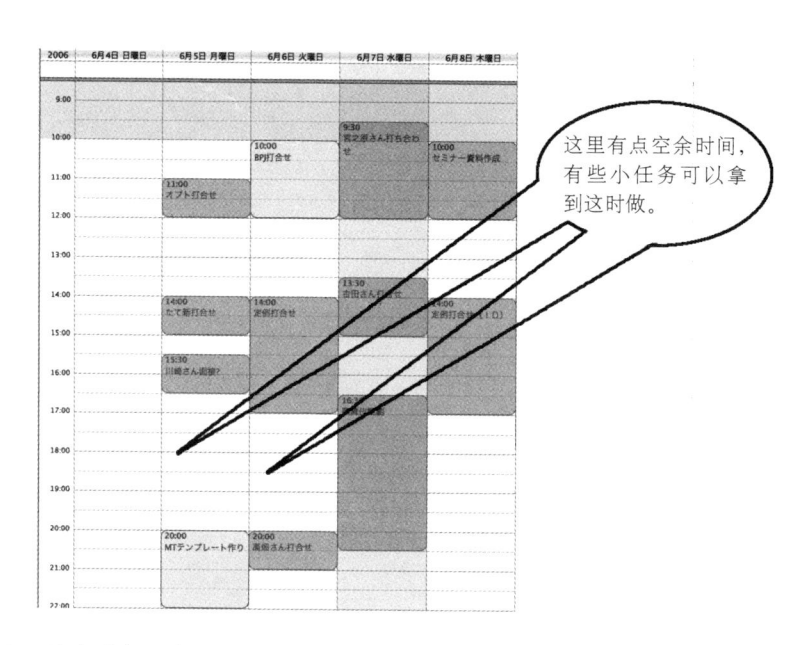

这里有点空余时间，有些小任务可以拿到这时做。

以一周为单位，便于我们根据时间的空闲状况，对计划进行推迟或提前。

以星期为单位来考虑的话，我们可以在五天的工作日内调整日程。即使有延误的情况，最差也能在周末的两天赶工补上。

可是如果只用以天为单位的日程表管理项目进展状况的话，我们会变得目光短浅，总想在一天之内搞定所有的工作。要么某一天，工作堆积如山，最后只能通宵达旦，挑灯夜战。要么闲得无聊，却不会想到把后面的工作提到今天来做，总之很难灵活运用时间。

赶上忙的时候，我们不得不推迟一些不用当天搞定的工作。这时我们有必要对未来的时间有个很好的把握："星期四的下午有空呢。这活即使推迟一些，到时候也有时间做。"相反，遇到空闲的时候，我们也必须考虑把后面的工作提到今天，早完事早放心。因为我们可以做出这样的判断："周末可能会比较忙，还是先把这事给了了吧。"

在进行日程的推迟和提前操作时，一星期的长度是最便于操作的。如果变成一个月的话，我们可能没法把握每项工作的进程，而一天的时间又嫌太短。

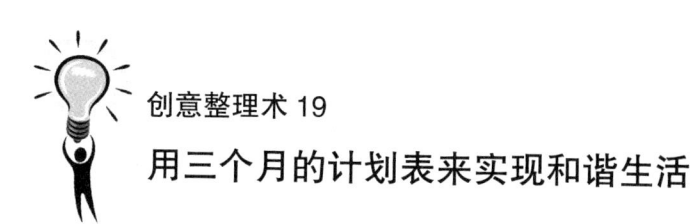

创意整理术 19
用三个月的计划表来实现和谐生活

话虽如此，周日程表也不是万能的。它的一个缺点便是**无法以中期视野来把握日程。**

例如，三个月之后是盂兰盆节①的长假，到那时候工作忙不忙？下个项目会怎么样？是不是应该多接点活？以自己的工作能力来看，是不是应该稍微少接点活？然后，为了今后的职业生涯发展，现在是不是应该学点什么东西？这些事情，只靠周日程表是没法进行管理的。

这里推荐大家以三个月为单位制作日程表。很多日程管理软件都不能同时显示三个月的日程，只能分三次查看每月的计划。不过，做与不做，从长远来看，会产生很大的差距。

三个月这个数字对应着公司的一个季度。学校的一学期也大概以三到四个月为单位，大自然一年的四季交替也是以三个月为单位。这里要做的不是一年的计划，而是三个月的计划。无论是就社会意义来说，还是从自然规律而言，这似乎都是很重要的。

想要学点什么东西，也先来三个月试试看。要学上三个月，还真能学不少东西。例如，我曾经考取了色彩鉴定二级资格。这也是大约

---

① 在日本是仅次于元旦的盛大节日。

花三个月就能考上的。各种培训学校也大多以三个月为周期设置项目。想要提升技能，制定三个月的计划也是必不可少的。

以我自己的经验来看，大概三个月就会对某件事物产生厌倦情绪（别人都说我干事总是三分钟热情）。反过来说，只要时间在三个月之内，我还是能够坚持下去的。从这个意义而言，三个月的周期是可取的。

接下来，**当我们以三个月为单位拟定计划时，还需要从三个角度来进行把握**。假如你是有家室的人，那么你的角度应该是①公司、②家庭和社会、③自己。

只看一周的日程表，我想大概很多人都是清一色的工作安排。不过，当我们重新以三个月为单位，拟定计划时，相信很多人都会趁机反思一个问题：我们是否太"工作狂"了，而对家人和自己太过敷衍了？

尤其是"3·11"东日本大地震，让我重新发现了"平平淡淡才是真"的道理。当我们以人生的周期来进行思考后，会发现工作确实占据了重要地位，但它也仅仅是人生的一部分而已。设计和谐的人生，需要从家庭、社会、自己等各种各样的角度来思考才行。①

顺便一提，公司战略也应该以3C（Company 公司、Competitor 竞争对手、Customer 客户）的角度来考虑。也就是说，至少需要从三个不同视角来审视，这是很重要的。

我每月末都会回顾我的三月计划表。即使再忙，只要把这个日程表拿出来看一看，我就能感觉到一丝宽慰和轻松。

---

① 我（小山）在地震之后，亲自投身于受灾地区的志愿者活动。在这个过程中，我深刻地感受到与那些没有业务关系的人相识相交，给自己的人生带来了巨大的正能量。

创意整理术 20

同时记录别人的日程表

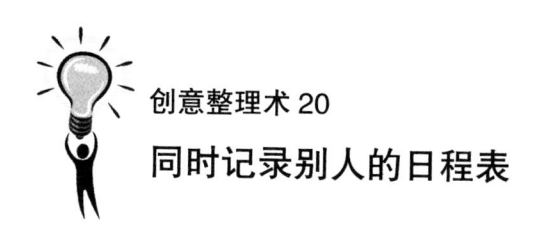

前面我们说到了将耗时费力的工作都写入日程表。这样一来，我们能够了解自己的工作能力，逐渐看清自己的"天花板"。即便如此，工作还是接踵而至。这时，我们就不得不考虑提高工作能力的问题了。虽然这个说法不太好听，不过"**善于用人**"是非常必要的。

大家看看自己手上的工作，我想肯定能找出一些工作，即便不是自己亲力亲为，也没有影响。这种工作都交给别人下去做吧。反过来，如果有些工作太难，连自己都做不好的，那就去拜托专家或上司拔刀相助吧。以往我们一个人只能干一件事，但是这样一来，就能同时干两三件事了。

这时必须注意的是，将工作交给别人帮忙，并不意味着你就可以甩手不管了。你还需要随时把握这些工作的进展情况，做好管理。这时我们就需要电脑日程管理软件的帮助了。

我的记事本里，每天都有三条线并行不悖。一条线是我自己的，一条是部下的工作日程，还有一条是一起共事的合作伙伴的日程表。我通过巧妙地管理这三条工作流程线，不断提高自己的工作能力。

顺便一提，对于别人的日程表，我们没法像管理自己的日程表那样严格。所以这里推荐大家使用一个"创意整理术 14 柔软的日程表"

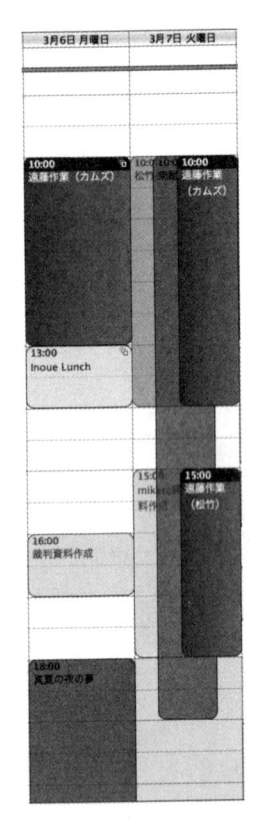

中介绍过的方法。那就是给自己留出"输入缓冲"的余地。

开了自己公司之后，我才开始有了这种想法。等到我"独立"之后，我才了解到实际上公司的架构都是相互依存的关系。

一个人能做的事情毕竟是有限的。这么一想，我才意识到管理他人日程表的技巧有多么的重要。**与别人融洽相处，相互依存，不断创造出更多价值**，这种技能是合作能力的基础。

相互依存，同心协力，有一个前提必不可少，那就是自律能力。如果跟我们共事的人连自己的日程都管理不好，那最终就只有被他耍得团团转的份了。

这种自律能力，可以说是在如期完成本职工作，掌握日程管理技能之后，需要掌握的能力吧。

这里同时记录了三个人的日程表。这样我们一看便知是否还能再求人助我们一臂之力了。

创意整理术 21

建议开会只开 15 分钟

碰头会在 15 分钟内搞定。

想必有人听了会很吃惊吧。不过如果会议的目的是管理项目进展状况，我想大家也就了然了。快速确认各自的日程，不仅能够规避工期拖延的风险，还能让工作效率提高一大截。因为相互确认工作进展情况，可以提高大家的工作意识，确保能够配合下次的会议时间，稳步推进工作。等到时间空出来了，顺便拿起电话问一声，也是非常有效的。

另一方面，我们一定要坚决避免把这种确认工作进度的会议永无休止地开下去。对于已经发生的事情，花费很长时间去追究原因（这种事情，等之后有了时间再讨论也为时不晚），或是高喊口号"鼓起勇气，下定决心，排除万难"什么的，这些都是在浪费时间。在时间和资源都有限的情况下，我们应该研究的是如何应对当前的问题，找出当时有怎样的新风险存在。我们应该有侧重地讨论和研究，然后再看如何将会议结果具体落实到日程安排中。

我有个方法，可以通过调整日程表，避免这种"裹脚布"会议的出现。那就是**在公司内部会议的后面，安排其他事情**。如果是跟客户开会，那么我们需要按照"柔软的日程表"原则，多给自己留出 30 分钟的空余，但公司内部会议则没有必要这么做。而且，有了物理时间的限制之后，反而开会效率会更高。

顺便一提，我听说有个叫 Hatena 的公司是**站着开会**，通过这种方式提高会议时间的密度。制造一种客观情况让人无法长时间进行的会议，是非常有效的方法。

创意整理术 22

抓住灵光一闪的瞬间

时间管理与日程表管理，乍一看似乎与创意没有太大的关系。而且养成某种习惯，意味着需要反复去做某些事情。从这点看来，总让人觉得它是与奇思妙想绝缘的，可实际上这两者是紧密相连的。

能够产生创意的人，总能管好自己的日程表。因为如果你不能很好地掌握自己的日程，你就会对未来产生不安，也无法让自己的身心充分放松，不可能抓住灵光一闪的瞬间。所以我们需要养成管理日程表的好习惯，让自己能放心工作。这也正是时间管理妙招与创意思维妙招的相通之处。

不过，只单纯地管理日程表，并不能催生奇思妙想。这里我们需要一些小技巧，即所谓的"**隐藏的滋味**"。充分利用乘坐电车的时间，或是以三个月为单位制作日程表，都属于这类小技巧。就是**让我们在养成好习惯的同时，给生活加点辛香料和隐藏的滋味**。

可能这么说有点跑题，不过某种技艺如果要发展成为文化，就需要某种特定的形式。例如歌舞伎在发展成熟的过程中，需要形成一些形式，需要每年反复上演一些特定剧目。这些特定剧目在江户时代被称为"定式"。例如十一月会进行颜见世公演[①]，届时会表演称为"曾

[①] 日本江户时期，剧场契约为一年。一年期满后，演员会有新老交替。届时新演员会登台亮相，让观众熟悉一下新面孔。于是便有了颜见世公演。——译者

我物"的必演剧目。有了这些定式的存在，人们反而会以此为基础，在固定的框架内进行自由发挥。于是便产生了"见得①"之类的好创意。

在这种情况下，日程表管理就类似于歌舞伎的"定式"，而创意就是在固定框架内的自由发挥。为了能够构思出"亮相"的主意，歌舞伎演员也需要一个稳定的日程表管理方式。

---

① 在重要的场面，摆好造型亮相，以吸引观众目光。类似于京剧中的"上场亮相"。——译者

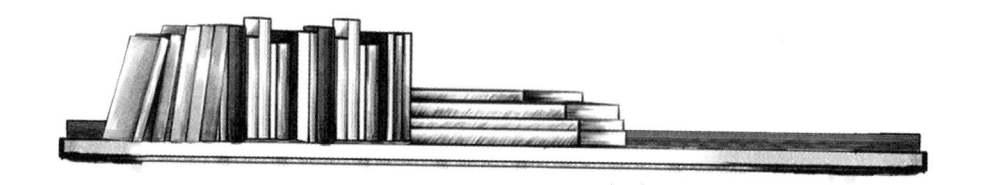

Chapter 3　整理妙招

用编故事的方法构建信息数据库

创意整理术 23

鹤见良行工作术中的数据库妙招

我去拜访鹤见良行先生的宅邸，是在他去世两年后，大约是1996年。我在研究生院听人说想要研究"田野调查技法"，最好是去看看良行先生的文献，所以去伏见参观了他家里的工作间。

从《香蕉与日本人》（岩波书店）、《海参之眼》（Chikuma学艺文库）等代表作，我们能看出鹤见良行是怎样一位学者。他选取读者容易理解的对象作为研究题目，彻底进行田野调查，利用各种学术文献，确立了"步行的学问"（民际学），是位伟大的研究者。

鹤见先生的工作主要有三个步骤。

（1）行走于第一线，并构思故事。

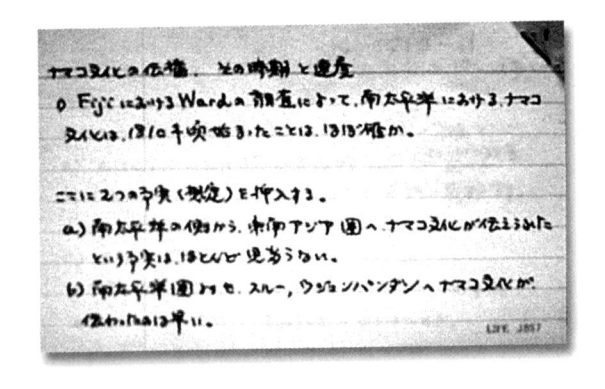

读书卡。这张卡片上记录了南太平洋海参文化起始年代，是根据调查结构得出的假说。（出处：立教大学共生社会中心）

（2）将第一线的信息记录在日记和照片中。

（3）通过读书，选取记录与故事相关的信息，事先进行整理。

这三步可以总结为"收集信息"和"构思故事"。让我深受震撼的，是③的读书卡。老先生用的是曾经流行于大小图书馆的检索系统。一个卡片抽屉里，装着数万张读书卡。梅棹忠夫先生在《知识生产的技术》（岩波书店）一书中介绍过"京大卡"。一张卡片上，用蝇头小字，密密麻麻地记录了题目、特点、文献、引用文、页数等信息。

这种工作妙招最强的地方，在于它构成了一个完整的系统。例如你可以根据脑子里浮现出来的题目或关键字，对相应的读书卡、日记或照片进行排列。这样一来，你的论文也就完成七八分了。鹤见先生勤勤恳恳，靠一己之力创建了这种"知识的数据库"，所以才能信手拈来，随时写出有理有据的文章。可能正因为有了这样的积淀，鹤见先生晚年才能如此多产，各种著作不断问世。

在职场，这类自创的数据库也能发挥威力。强大的企业必然有其独立的数据库。除了从政府部门和智库团队获取的一般公开资料，它们还拥有一些更细的信息（市场信息和公司品牌的评价以及客户分析等），来把握一般公开资料无法提供的细节部分，在弱肉强食的世界

读书卡按照关键词进行整理。（出处：立教大学共生社会中心）

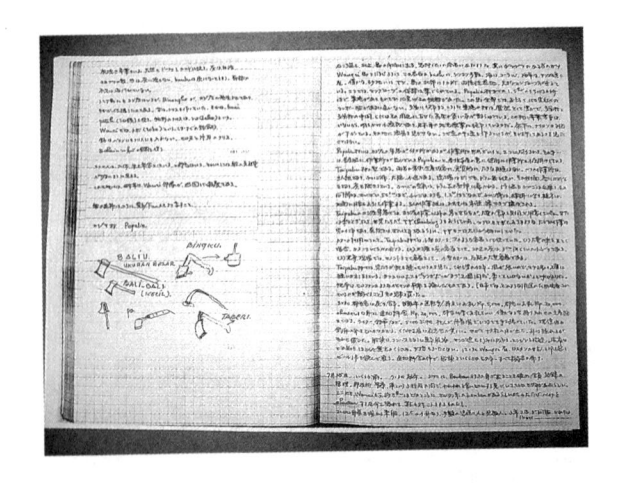

田野笔记：右页是日记，左页为图和地图，以及新结识的人的名片等补充信息。（出处：立教大学共生社会中心）

立于不败之地。

　　数据库就是这样一种便利的工具。它能够帮你整理信息，让你随时能够读取，可以说是信息的冰箱。在这个冰箱里保存了多少新鲜素材，是能否烹饪出可口佳肴的关键。

　　不过数据库充其量也只是保存信息的工具而已。要烹饪出美味菜肴，不仅需要好的食材，更需要烹饪的工艺步骤。也就是说，有了数据库之后，还必须有将素材烹饪成故事的"故事构思能力"。只有拥有了这样的能力，素材才能以美味佳肴的形式，展现在我们面前。

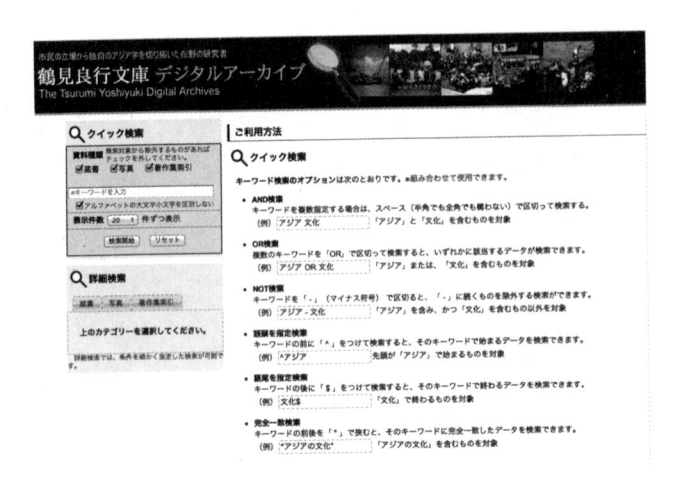

鹤见先生的照片和藏书也公开在网络上。可以参考"鹤见良行文库数据资料库"（http://tsurumi.rcccs.rikkyo.ac.jp/）。

数据库里面是没有故事的。数据库的重要性在于它能让故事丰满起来。

鹤见先生的工作术在这个意义上是两手都在抓，两手都很硬。而且这个方法不仅局限于写文章、制作企划书和构思创意的时候，任何时候都可以使用，它是一种很有效的模式。掌握这种典型模式，并举一反三，将其运用到各种领域，这就是创意黑客的工作妙招。

接下来，我想主要介绍一下数据库妙招——可以说是这种数据库的应用方法。

创意整理术 24

用记事本创建自己的词典

  客户或上司有时会问我们："这个业务领域的市场规模是多大来着？"或"便利店 S 公司在全国开了多少家店铺？"此时如果我们不能对答如流，可能就会招人白眼相待："跟自己有关的业务数据，居然都不调查清楚。"但是，我们是不可能把各种数据都记得一清二楚的，这时候我们该怎么办？

  我有一位很尊敬的上司，他有一本"**自己的词典**"。字典很简单，**只是单纯地往记事本里贴报纸、杂志或是参考文献的缩印稿**。内容大多是由跟自己的业务相关的数字、商业模式及竞争对手公司的信息构成。这位上司曾说过："**比起记住所有数据，其实更重要的是能够当场对答如流**。与其回过头再去查找每个数据，不如在看到的时候，就立刻把自己认为有用的数字、图形或图表，一股脑地贴进记事本里。然后还可以把让自己感动的词句也复印下来贴上。这样一来，你要干的事情就很简单了。你只要看着自己的记事本，就能写出企划书了。"从他的话中，我感觉自己看到了业务效率的真正含义。

  大家亲自试一试就会知道，虽然缩印之后字会变小，实际上还是能看清楚的。更重要的一点，是如何"随身携带"这些信息，让你在需要的时候能随时取出查阅。有人把这类信息贴在办公桌上，他的前

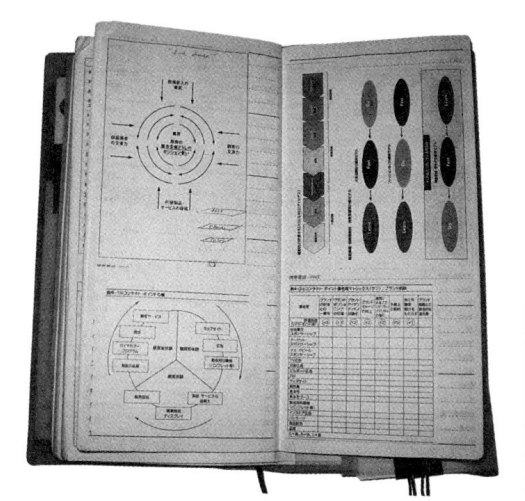

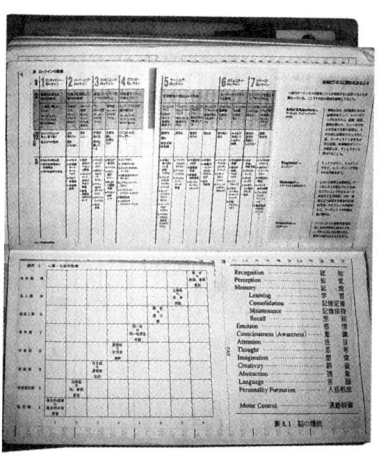

市场数据、发展趋势、框架、理论全都一目了然。只选取了必要的信息，所以搜索起来也很方便快捷。

提是在公司就能干完工作。现在是"移动（mobile）"的时代。随身携带自己的专属词典，能够随时随地取出查看。这是现在开展业务时，必须拥有的姿态。

创意整理术 25

我的米其林美食卡

最近除了自己的专属词典，我还把一些从客户那里了解到的味道不错的餐厅、居酒屋或咖啡厅的地图也贴到记事本里。过了几个月后，当我注意到的时候，我的记事本已经摇身一变，成为"我的米其林美食卡"了。着实让我大吃一惊。"我的米其林美食卡"有以下六个必填项目：

①店名

②地址

③电话号码

④地图

⑤美食笔记

⑥推荐度

我到一个店里就餐，如果觉得不错，吃完后便会跟他们要一张"名片"。名片上一般都有①到④的项目，而且还有每家店特有的标识和字体，让我们能很快回忆起当时的氛围和感觉。

制作要点与"自己的词典"相同。复印名片，贴到记事本中，剩下只需添加上⑤和⑥的内容即可。方法虽简单，但美食信息聚沙成塔，日后会发挥超强的作用。

记事本里贴着餐厅名片的复印件。每个名片都表现了各自餐厅的特色，所以不容易忘记。

现在我们也可以用智能手机把名片拍下保存，立刻获得一张像模像样的美食卡。

为了进一步充实"我的米其林卡"的内容，我们还可以跟周围的吃货朋友打听下消息，然后亲自去那家好吃的店里，大快朵颐一番。很多杂志的特刊或成册的《特选××美食店》中也会介绍好吃的小店，我们也可以去那些店里尝尝。不过，很多真正好吃的店也会拒绝杂志登载他们的信息，所以还是跟朋友打听一下最为有效。接下来就去那家店去考察考察，拿张名片，再贴到记事本上。然后只要重复这几步就行了。

当我们学会这样收集信息后，这些信息的周边信息也会越来越多。我们在下一章的"五感妙招"中也会提到，就餐的时候是人感性全开的瞬间。人们在就餐时谈论的商业或政治话题中，往往有很多正式场合无法获得的宝贵信息。"有家挺好吃的馆子，您一定要跟我去尝尝呀。"有时候，我们也能靠这句盛情邀请，来扩大自己的人脉。

创意整理术 26

严格挑选人脉

难得提到了人脉这个话题，我也想谈一谈如何将靠人脉获取的名片变成数据库。

无论对谁而言，整理名片都是个极其耗费脑细胞的工作。把名片内容都输入电脑的联系人里，也是个不错的办法（最近智能手机有名片管理APP，也很方便实用），不过如果新名片纷沓而至，来不及输入电脑的名片就会越积越多。而且还有个问题，那就是越是没来得及输入电脑的名片，越是新名片，上面的信息也越需要用到。面对这么多名片，我们该如何整理成数据库才好？

事实上，我们不需要做出一个正儿八经的数据库。**我一般只把工作中建立起密切关系的人的名片挑选出来，用长尾夹夹在一起，方便随时使用**。这是我的名片夹子，也是我的小小人脉数据库。

我有两个名片夹子。一个是保持着业务关系的客户名片，另一个里面的人，虽然已经结束业务关系，但以后如果有什么事情，可能还会再打交道。

这两个名片夹子，我都放在公司办公桌抽屉中。看似简单，却真心管用。虽然把所有名片按照五十音的顺序整理排列，也是个好方法，但查找起来太花时间。反而是这种"严格筛选"并便于查找的方法更

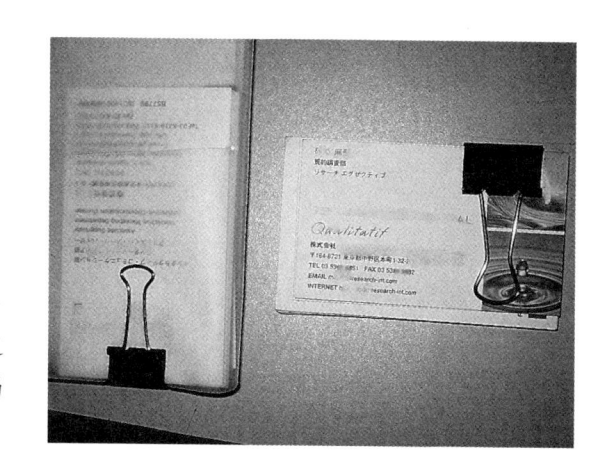

只需用长尾夹将精选出的名片夹在一起即可。照片左边是记事本里夹的名片，邮编是有业务关系的客户名片。

有效率。

然后，对于目前正在进行的项目的相关人士，我一般都将他们的名片夹入记事本中，随身携带。这么一来，遇到紧急情况也能立刻找出联络方式，至少对方公司的电话是可以知晓的。虽说事先把联络方式都存在手机上也没有问题，但这么做还是起到"保险"的作用。即使万一没带手机，也不会受影响。

整理名片的时间点也很重要。我是以一年为单位的。因为无论是私生活，还是工作，一年以上没有联系的人，今后的关系也很难再有进一步的发展了。

我每年都会整理一次名片，确保我的名片不只是单纯的"收藏品"，而是活生生的人脉数据库。

创意整理术 27
把想看的书和想见的人加入到"关注列表"中

早上在报纸广告里发现了一本想买的书，可到了书店，却怎么也想不起书名。从公司前辈那里知道了一首不错的歌，可进了 CD 店，却怎么也想不起歌手是谁。不知大家是否有过这样的经历？这种情况下，往往买不到原本想买的东西，反而会忽然起兴，冲动购物。这么一来，难得的机会和时间，就从你手中悄悄溜走了。

当你看报纸或电视，发现想要购买的东西，或是听取别人的建议，觉得什么东西很重要的时候，请一定要动笔记下来。那么记到哪里比较好呢？答案是普通手机或智能手机中的"关注列表"。这种方法简便易行。例如你想买本书，那么至少要记下作者和书名。如果是 CD 的话，输入歌手或音乐家名字即可。然后到了店里，查看一下列表，再掂量掂量自己的钱包，最后决定买些什么。

创意黑客必须会向别人取经，学会别人好的视角和思维方式（思考的技术）。这种思考的技术多多益善。偶然从电车的广告中获取的一则信息，电视上介绍的一本书，今后想要看的一部电影，这些东西或许都隐藏着未来创意的种子。至少我们应该养成习惯，把自己的感应器感知到的信息记录到"关注列表"当中，免得日后忘记。这个列表里的信息越积越多，渐渐地，我们就能清楚自己眼下正在关注哪些人，哪些物了。然后我们可以再缩小范围，锁定目标，到某个人的官方网站或博客上去看一看。那里会有此人最新的日程表，我们可以得知他的演讲会、国际会议及现场谈话会等信息。届时我们也能利用这样的机会，实际去参加一下活动，说不定还能看到他本人。

　　我们就这样，从关注列表开始，却不仅仅是默默地关注，还要让自己和关注的人建立起联系。然后，从那个人那里获取模因（Meme）吧。获取更多优秀的模因，对创意黑客而言，是必不可少的。

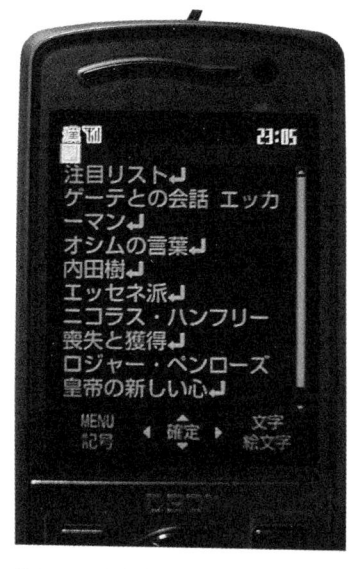

笔记不用太复杂，只记下一些自己感兴趣的人或物的关键词即可。

创意整理术 28
让书架变身为知识数据库

接下来，我们再来看看书架。你是如何整理书架的呢？我想恐怕大多数人都是按照书本大小（精装本、细长本、文库本等类型）来进行排列的吧。不过，靠这种整理方法，找起书来很费时间。

现在让我们来转变下整理思路。我们要把书架变成"知识数据库"，具体步骤如下。

（1）分组

首先按照"主题（兴趣／关注点）"进行分类。只是，不需要严格分类为社会学和经济学之类的，就把自己的兴趣爱好作为关键词进行分类即可。我们可以设定得具体些，例如"品牌设计的方法"、"社区的可能性"等。

（2）给书与书建立联系

然后我们给这些分到一组的书建立联系。也就是说 A 的旁边放着 B 和 C 书，这三者是有联系的。可以让书与书之间建立一条脉络，如此进行排列。此时请注意书的内容、关键字或作者等信息，并以此思考每本书之间的联系。

（3）建立分组之间的联系

最后我们也要注意分组之间的联系，让整个书架成为一个脉络清晰的整体。这样一来，每本书之间都有着紧密的联系，你的书架会变成大脑结构在现实中的投影。

按照这个步骤整理书籍，翻找书目的时间就会大大缩减。不管怎样，当你有工作需要的时候，如果能随手取出相关领域的五六本书来，你就能获得想要的信息了。

把自己的书架从单纯的书库，改装成知识的数据库。这时书籍也不再是单纯的书籍，而是蜕变成知识生产的素材了。

与复杂系统相关的书籍

与战略和思考技术相关的书籍

这只是书架的一部分，仔细看，会发现它们是按内容进行排列的。

与"品牌"相关的内容都集中在一起

创意整理术 29
把社交网站当做论文写作工具

我现在要是大学生的话，大概会充分利用SNS来写论文吧。

比如，我们可以活用mixi①，用mixi的日记来写田野笔记，也可以上传很多照片上去。使用日记来记录，可以让文章脉络更加清晰。

我使用"推荐阅览"来代替读书卡的功能。当我觉得某篇文章以后可以作为参考文献引用时，我便会把它记录下来，也会记下引用内容的页码。当我需要写论文的时候，就可以点击"阅读更多内容"，找到有用信息，只需复制粘贴，就能写完一篇论文了。本章开头介绍的鹤见先生的工作，在网站上都已全部完结。

我现在尽量让自己多写些书评，有意识地让自己创建一个书评数据库。

究其原因，其实是很多人都问过我有没有好玩的书可看。这时直接把书评列表给他看，是最快的方法。我只消对别人如是说："那我把链接邮件发给你吧，你看看我在mixi上的推荐阅览就行了。"

第二个理由，则是可以把它当做知识库（Knowledge Base）用，方便写企划书或报告。事先写下书评，同时也能在某种程度上形成自

---

① 日本最大的社交网站，类似中国的人人网、豆瓣网。——编者

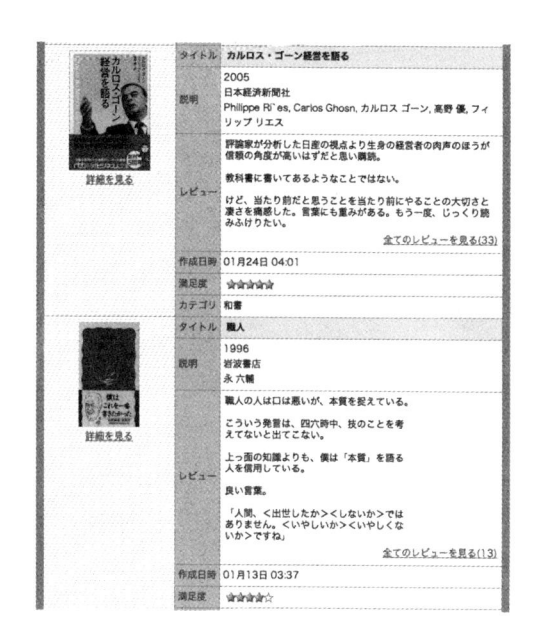

在 mixi 的预览中记录参考文献。只需这样，就能做出不错的数据库。博客也可效仿此法。

己的想法，用的时候只要复制粘贴就行了。就算要写篇论文，我们也能立刻动笔，信手拈来。

而且 mixi 可以在阅览时看到别人的评论，所以也能让我们了解不同人的不同视角，集思广益。这种功能真是应该充分利用才对。这时，**mixi 不再是单纯地用来"公开"自己的日记，还能把日记转化为书评数据库或是写论文的工具**。大家不妨试一试。

创意整理术 30
用照片创建故事数据库

照片里有语言无法表达的信息。只要看着几张照片，人们就能想象出接下来会有怎样的故事上演。

以前我在东京电视台《谁都能当毕加索》的节目中，听到北野武先生谈论编写电影故事的方法，深受启发。

北野先生说自己遇到感兴趣的事物都会拍下照片，然后变换这些照片的排列方式，来编写电影故事。我当时觉得他说得非常有道理。有了照片在手，我们便容易展开想象的翅膀，去想象在某个地方有些什么人、做了些什么事。也就是说从已有信息开始联想，连续或重复加入5W1H[①]的要素，就是编故事的窍门了。这就是我当时的发现。

只是变换影像的排列方式，就会变成完全不同的故事。这实在是很不可思议。不知大家是否知道《记忆碎片》（*Memento*）这部片子，讲的是一个只有10分钟记忆能力的男人。他为了留住自己的记忆，在全身刺满了刺青，一边输入信息，一边追寻杀人凶手。

这个故事情节的有趣之处，在于时间轴是逆向的（也就是说故事情节是向着过去发生的事展开的）。片子剪辑得让主人公记忆深处的

[①] 5W1H分析法是一种思考方法，指对选定的项目、工序、操作，从原因、对象、地点、时间、人员、方法6方面提出问题进行思考。

故事不断重复和联系起来，并不断展开。而且 DVD 里还有另一个普通版本，里面的故事是按时间顺序展开的。两个版本叙述方式不同，讲的却是同一个故事。但是不同的叙事方式又让我们能享受两个截然不同的影片。

照片一般只是用来保存"回忆"的手段，不过在编写故事的时候，它也是个可以活用的便利工具。如果平时注意创建一个用于构思故事的数据库，到需要用的时候，就会发挥奇效。

也有人把照片当做搞笑的工具来用。比如三浦纯和伊藤正幸的 The Slide Show。三浦先生把一些奇怪的绘马和庙会照下来，再把这些照片做成数据库。然后选出照片做成幻灯片，再配上伊藤先生的绝妙吐槽，创造出妙趣横生吐槽秀的娱乐效果。

创意整理术 31

给不好记的东西"添油加醋"

我后悔自己为什么不早点发现这个记忆妙招。

回想一下自己的中学时代,感觉总有那么几个英语单词,怎么背都记不住,记汉字时也是这样。还有日本历史里的人物,生物课的生物名称都是这样,总有几个老是记不住的。

这到底是为什么呢?

这是因为在我们一直以来的生活和人生故事中,与这些单词和汉字都没有交集,所以很难在自己的大脑中,给它们找到合适的位置。反过来,我们记住的单词,大多是自己喜欢的单词,要么就是父母告诉自己的。也就是说,我们可以认为这些单词,其实早已编入了我们的生活当中,所以记起来也方便,也很容易想起来。

此外,说到日本历史,如果我们只打算死记硬背某个人的名字,到头来还是会忘得一干二净。可如果我们对这个人物背后的故事,如对政治上的阴谋、阳谋或爱情故事也加以理解,一并记忆的话,他的名字便很容易就能记住。

如此一来我们便得出一个结论,即"**所谓记忆就是编故事的过程**"。对于那些难以记忆的单词或汉字,我们可以在自己的脑子里给它们编些故事,就算是虚构的也没关系。跟历史相关的人物或事件,我们可以通过其背后的故事，来理解性地记忆，所以看看相关的漫画也未尝不可。

尤其是日文的古文和中国古典文章诗词，许多都需要我们先理解再记忆，所以与其抓耳挠腮地死记硬背原文，不如先找本漫画来了解下它的相关背景故事，这种做法也许更为高明。换句话说，就是没有故事的支撑，我们很难记住某些东西。这种理解性的记忆才是记忆妙招的奥秘所在。

创意整理术 32

"出租车导航"与"指挥部下"的相同之处

现在你跳上了一辆出租车。你平时是坐地铁出行的，但现在你如果像平常一样搭地铁，就无法赶上 JR[①]的最后一班车。现在是分秒必争的时刻，为了确保自己能够赶上最后一班电车，我们得正确地指导出租车司机又快又稳地到达目的地。在这种情况下，你会怎么跟司机说呢？

首先，我们必须告诉司机"我赶时间"。这是第一步。告诉司机最后一班电车还有几分钟就要发车了，而你必须坐上那趟车（告知你的目的）。

接着我们必须一眼看穿司机的实力。因为司机不同，处理问题的方法也不同。一个好的司机会提出建议，问你这么走行不行，而你只要从他的提案中做出选择即可。但是有些司机新手上路，初来乍到，连路都记不清楚。如果你遇到这类菜鸟司机，就不得不自己来做"人肉导航仪"了。

这种情况下，有一点很关键。那就是告诉司机不能走哪些路。比如"不能走这条路，因为上次走的时候遇到大施工，堵车风险大"。

[①] 日本铁路公司 Japan Railways，是日本的大型铁路公司集团。

在这种只许成功不许失败的紧急关头，没有比走冤枉路更让人窝火的事情了。因此我们必须从失败中汲取教训，并切实地传达给司机准确的讯息。这点至关重要。

上述内容可以总结为以下几点：

（1）告知目的；

（2）结合对方的情况，转变自己的角色，告知流程；

（3）从以往的失败中汲取教训，并告知对方。

这几点不仅适用于给出租车司机指路，其实也可以用来指导自己的部下做事。

实际上给自己的部下做导航或指导时，关键在于告诉他们你的失败案例。在部下面前"王婆卖瓜，自卖自夸"，是毫无意义的。我们需要做的，就是告诉部下某个任务的目的，然后告知他们各自负责的工作以及工作流程，最后给他们讲自己的失败案例。这才是抓住人心，获得信赖的秘诀。

藤原和博先生将这种方法称为沟通中的"负离子法则"。引人入胜的故事，大多利用了这种"欲扬先抑"的方法[①]，给读者留下深刻的印象。例如灰姑娘一直被继母和姐姐们刁难，却正因为如此，当她被施魔法，身着华服，并与王子殿下两情相悦的瞬间，带给人的喜悦便更加强烈。

就像这样，在信息质量效应的基础上进行指导或导航，比起通常的说明方法，会给对方留下更深的印象。

[①] 请参考藤原和博《增加战友的技术》（Chikuma 文库）。

创意整理术 33

用编故事的方法构建信息数据库

看日本民间传说的时候,我发现自己会不由地撇嘴:"哎呀呀,又是差不多的故事。"却又总会越看越起劲,故事就是有这种吸引人心的力量。这其实也跟深藏于我们记忆深处的某种形式相关。

这是因为在书籍问世之前,这些民间故事都是靠口口相传的方式传承下来的。所以这些故事都逐渐演变成了一种容易记忆的"形式"。我有位前辈,非常擅长与客户沟通交流。听了他的沟通技巧后,我发现他也在忠实地模仿着民间传说的格式。因为那里有超越理性逻辑,让人产生情感上共鸣的故事。

Google 的出现,推动了时代的转型。它让全世界的信息都变成检索目录的一部分,没有信息是我们搜索不到的。然而另一方面,如何将这些数据库里的信息编成故事,传达给世人,还必须由人类亲自来动手书写。电脑写出来的故事能否引人入胜?我感觉电脑这方面的能力还是要差一些的吧。

在这部分的整理妙招中,我向大家介绍了如何将信息变成数据库,进而将这些数据库中的信息变成故事。这种方法就是把信息存储到数据库中,再调出来,将其转换为一种流通型信息——故事。

在这一系列的妙招中,我们在故事与数据库之间,不断循环往复。

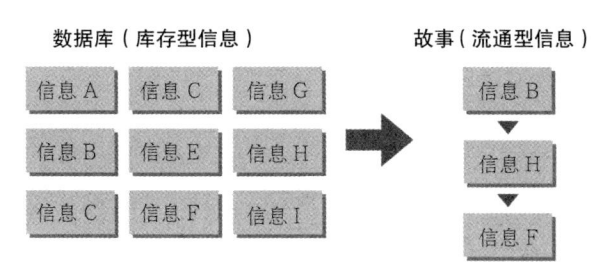

```
数据库（库存型信息）          故事（流通型信息）

 信息A  信息C  信息G            信息B
                                ▼
 信息B  信息E  信息H            信息H
                                ▼
 信息C  信息F  信息I            信息F
```

数据库中是没有故事的。
关键在于利用数据编制出怎样的故事。

当我们创建起一个数据库时，可以试试用编故事的方法来进行构筑。例如用长尾夹把名片夹起来就用到了这个方法。我们是把名片数据用"现在保持着业务联系"的故事联系起来，并进行管理的。而反过来，在编故事时，我们也需要彻底发挥数据库的作用。而且这个数据库不是只有数字，还包括照片等各种能够唤醒记忆的要素。

故事与数据库。能够在这两个整理信息的场所中自由穿行，可以说是达到了创意黑客的境界了吧。

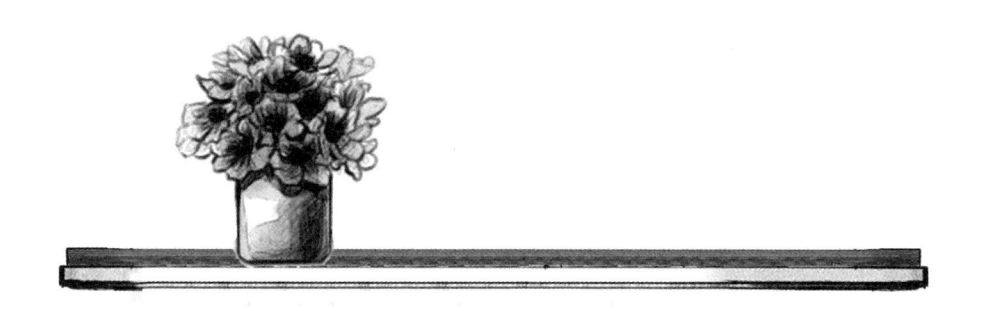

Chapter 4　五感妙招

品味来自眼、耳、口、鼻、身的感动

创意整理术 34

思考是生理现象

讨论会总是争论不休，却永远在原地打转，看不到结论。面对胶着难缠的会议，人总是一不小心就走神了。相信大家都有过类似的经历吧？如果插入点休息时间，开窗换换屋内空气，或是去喝杯咖啡，歇一口气，没准好的创意便不期而至了。

每当此时，我都会不由地感慨"思考真是一种生理现象呀"。

比如只需提高血液中的含糖量，人的思维便会活跃起来。换句话说，创意靠的不仅仅是大脑，而是全身心共同努力的结果。**坐在椅子上纹丝不动，大脑和手都在工作，却还是想不出好的创意。这很有可能是环境不好造成的。**

那么，什么样的环境才是能够催生创意的理想环境呢？过去，人们认为有"三上"。这三上是马背上、马桶上、枕头上。也就是说骑马的时候，如厕的时候以及快进入梦乡的时候。

还有另一种说法，叫"三中"。即散步中、泡澡中、乘车中。国外也有"3B"的说法，Bath、Bed、Bus，即洗澡时、睡觉前、坐车时。从需要适度放松的环境这点来看，日本跟国外的说法似乎大同小异。[1]

---

[1] 关于散步的功效，请参考"创意整理术 43：步行速度为一秒两步"。泡澡和淋浴的功能请参考"创意整理术 37：早起淋浴，洗出好创意"。

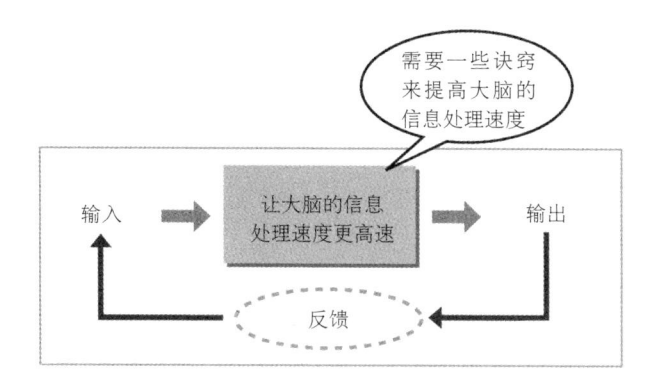

```
输入 → 让大脑的信息   → 输出
       处理速度更高速
         ↑_____反馈_____↓
```

（气泡）需要一些诀窍来提高大脑的信息处理速度

想想日本的办公室环境，发现跟"三上"或"3B"差了十万八千里。不仅没法放松身心，还有电话铃声此起彼伏，让人永远都处于紧张状态下。在这种环境下，居然要让人构思创意，这确实是有点强人所难了。

话虽如此，除去如厕不谈，这"三上"或"3B"在平常工作的时候还是很难实现的。我们既不可能说句"我要构思创意了"，就组织大家一起去泡温泉（要是有这样的公司的话，那就太强大了，笑），也没法当场钻进被窝，倒头就睡。开车的话，经常在外面跑业务的营业人员，还是能做到的，不过内勤人员就没办法了。

于是，本章我打算以"五感妙招"为题，向大家介绍一些从事办公室工作的白领也可以实践的创意环境构筑法。

创意整理术 35

晚上九点前睡觉

很多人都觉得创业公司的人一般会工作到深夜。其实很多创业公司的人，到晚上早早地就收工休息，第二天一大早起床，再开始新一天的工作。睡眠对于从事创造性工作的人来说，是必不可缺的。

我在硅谷实习时，曾问过某个创业公司的CTO（首席技术官）为什么会这样。当时得到的答案是"因为能够集中精力的时间是有限的"。他的意思大概是大半夜挑灯夜战没有效率，还不如转换下心情，休息一宿，翌日再战。这样效率反而要高得多。听完后，我也尝试了一下，发现这个妙招果然受用。

深夜，如果手上还有工作没做完，人们就总想赶紧弄完，然后无牵无挂，安然入睡。尤其是做事认真的人，更会以此为理由，挑灯夜战，久不思眠。在这种情况下，我们的工作效率并没有提高，其实我们是在靠着一种惰性，一直工作到大半夜。这会导致睡眠时间也随之减少，对第二天的工作也会产生不良影响。

与其这么浪费体力，我建议大家**不如先大致估算下工作所需的时间，然后早早上床睡觉**。首先，把工作放到第二天早上去做，可以强制自己给工作划分作业时间。与挑灯夜战不同，第二天还有其他安排，这个工作后面还有别的工作等待你去完成，所以你会不自觉地提高效率，抓紧时间去搞定它。当你的时间被限定在有限范围内时，你的潜能会被激发出来，工作效率也会随之提高。

再者，**其实就算是睡觉时，我们的大脑也在运转**。处于睡眠状态的大脑，会重新整理白天接收到的信息。所以即便是头绪纷繁的工作，也会在睡觉的时候得到整理。等第二天一早起来，你会意外地发现一切头绪都已整理井然。增加睡眠时间，反而能提高工作效率。这就是我们的妙招。

我想可能在国外学外语的人对此会深有体会。当你处于外语语境中时，从早到晚都有听不懂的语言涌入你的大脑，然后你会觉得疲惫困倦。然后等你香甜地睡上一晚之后，第二天醒来，你会发现外语功力又莫名其妙地长进了一点。

这是因为在你熟睡的时候，大脑对语言信息进行整理，让新旧语言联系了起来。如果说这种方法是"睡眠学习"的话，那么我们也不是不可以进行"睡眠工作"的。

就像完全未知的语言一样，面对看不见未来走向，陷入僵局的工作，我们不要逞强，最好是老老实实地睡上一觉。正如人体关节不能勉强朝相反的方向弯曲，我们也不能勉强自己去进行思考。应该尽量顺应生理现象的规律来使用大脑，这样反而更有效率。创业公司的员工正在从事新业务，而这些业务大都前途未卜，我想向他们强烈推荐这种妙招。

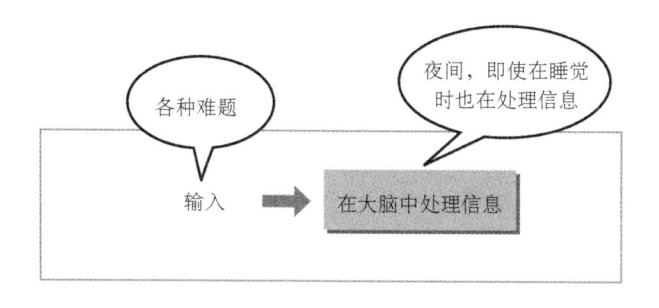

创意整理术 36
使用眼罩的睡眠妙招

话说回来，为了能甜甜地睡上一觉，我们还需要一些技巧来帮忙。

也许很多人不知道，**其实睡觉也需要精神集中力**。科学研究表明最初的三小时左右，人处于深度睡眠，能够睡得很安稳，三小时之后睡眠会越来越浅，睡眠质量也会随之下降。据说短睡者（Short Sleeper，即睡很短时间也照样精神的人）的睡眠质量就相当高，所以即使睡眠时间短，也能完全从疲劳中恢复过来。当睡眠到了后半段，质量下降之后，就算睡再长时间也无法很好地消除疲劳。

那么，我们该怎么做才能提高睡眠质量呢？我有些朋友，搞创意时总是灵感不断。他们对于这个问题，都众口一辞道："**别瞎想些有的没的。**"他们说一沾床就要赶紧切换状态，决不把烦恼带上床。而切换状态的速度，就是保证你能集中精神睡觉的关键。"躺上床了还瞎操心，任你操碎了心，也是解决不了问题的。"原来如此，实在太精辟了。

尽管如此，就算再怎么提高睡眠质量，有时候白天还是会困得想打瞌睡。这种时候，我们没必要用强大精神力，去跟困乏进行无谓的战斗，最好的做法还是赶紧闭目，小憩一下。随身携带旅行用的眼罩，可以保证 15 分钟左右的睡眠。需要消除疲劳时，它能发挥超强的功能。

眼罩戴起来的感觉也非常重要。例如无印良品有一款百分之百纯棉的，肌肤触感相当好，罩在眼睛上也不会觉得不适。如果你还需要更强大一点的眼罩，还有泰普尔（Tempur）公司的睡眠眼罩。这款眼罩是记忆棉材料与丝绒面料结合而成。戴上后，能立刻带你进入另一个世界。

泰普尔（Tempur）公司的睡眠眼罩。带你进入另一个世界。

戴上眼罩后，周围的风景都自然被阻拦在外了。这样一来，大脑不得不处理的信息量瞬间锐减，也能得到很好的休息。这里的关键在于**戴上眼罩，完全阻隔外界的光线**。若只是单纯闭上双眼，你还是能感觉到外界光线，大脑无法进入休息模式。反过来，当你睡醒时，则尽量要让自己去感受强烈光线的刺激，使脑子赶紧清醒过来。

换句话说，这种做法就是**让信息输入模式暂停一段时间**。我们的大脑无时无刻不在处理各种纷繁复杂的信息。其中来源于视觉的信息量最大。只要制造一种情况，阻断视觉信息的输入，就能让大脑得到很好的休息。

这种管理睡眠的方法也是能够确保创意源源不断的妙招。

创意整理术 37
早起淋浴，洗出好创意

其次，早起淋浴会达到令人意想不到的好效果。这点再怎么强调也不为过。

总之，早上起来洗个淋浴，效果的确不同凡响。大家也可以在淋浴的时候，尝试留心追踪下脑子里的思路。早上起床，带着爽朗轻松的心情洗个淋浴。在这个条件下，我们的大脑会全速运转。这时**创意和好点子就会像决堤一般，涌进我们的意识**。

如果时间允许的话，泡个澡也有绝佳效果。任天堂有名的游戏设计师宫本茂先生是超级玛丽之父。他在接受采访时说道："灵感闪现的时候，都是我在泡澡的时候。"他还说："泡澡的时候想到的创意一般比较靠谱，反过来在被窝里想到的创意都不太靠谱。"这么看来似乎是热水的适度刺激，使**一直以来支离破碎的信息组合成正确的形式，变成了好的创意**。

边游泳边构思创意，效果也超级棒。池水的触感也能给大脑带来适度的刺激。人类平常都在陆地生活，一般能接受外界的触觉刺激的，都仅限于足底或手部等部位。而当我们置身于水中时，全身都能感受到水的刺激。

只是有个问题，淋浴的时候冒出的想法，会不会也跟着水流而溜掉？所以等洗完淋浴后，我们应马上把瞬间闪现的灵感记录下来，最好养成这种勤动笔的"癖好"。

此外，**洗完淋浴后，抓紧上午的时间，趁热打铁，赶紧着手写写企划书什么的**。要让早上淋浴时闪现的灵感形成一个完整的创意，必须抓紧上午的时光。这时我们尽量不要给自己安排会客的任务，最好是先一心一意完成手上的创意任务。

据说德国社会学家马克思·韦伯（Max Weber）早上都不看报纸。因为他不想把早上具有创造性的宝贵时间，浪费在没有创造性的事情上，例如看报纸。对于这么一段容易想出好点子的时间，我们最好是冲个暖暖的淋浴，给大脑加速，加速好创意的成形。

创意整理术 38
在秘密花园进行游牧式工作

前面写了要用上午的时间来写企划书。但话说回来,有没有地方能让我们独自一人,静下心来工作呢?答案居然是"没有"。尤其是结婚成家之后,总有家人在身边,很难找到独处的空间。可是**正因为这样,既不给别人添麻烦,又能保证个人空间的场所就变得尤为珍贵。**

最近"游牧式工作(Nomad Work)"这个词越来越广为人知。原本Nomad是游牧民的意思。这种工作方式并不是"定居"在办公室里,而是随心而定,在咖啡厅或图书馆等任何地方工作。

最近很多地方都提供免费的无线网络,所以离不开网络的工作也不怕会受影响。而且有些店里还有电源可用,所以长时间工作也是可能的。

可能有人会觉得公共场所会不会太吵了。不过你会意外地发现,事实并非如此。而且,你还能偷听很多人的对话,不经意间就能观察到人间百态。电视剧编剧和音乐家常常借助这种观察,获得创作灵感。这类趣闻相信大家也并不陌生。

我在写这本书的时候,基本上每次碰头会都是在涩谷一家叫"羽当"的咖啡店里开的。这家店的氛围特别好,老板会配合一年四季的变换,在桌子上摆上一个大大的花饰。店内流淌着优美的音乐,对构思创意而言，是再合适不过的了。比起读书这类输入信息的工作，这种场所更适合做输出信息的工作，例如写作或是会议洽谈之类的，建议大家不妨试试。店内工作人员的态度也很和蔼可亲，让你能感到宾至如归，身心放松。

最近，一种名叫"联合办公空间"（Co-working Space）的共同办公空间悄然流行起来。在这里，不供职于任何公司的自由职业者和创业者们，共同使用一个办公空间。这里和单纯的办公室租赁不同，它的一大特征便是重视办公室成员之间的交流。这种新型办公方式源于旧金山，然后在世界范围内得到推广，我一直对此很是关注。或许今后传统的办公室空间将逐渐解体，新的工作环境将取而代之。

当我们想要输出创意和点子的时候，我们需要一个"契机"。而能成为契机的东西，存在于你身外。早起淋浴是如此，找一个环境优雅的咖啡厅或联合办公空间也是如此。所以**我们应该让自己置身于一个有信息不断输入、不断刺激五感的环境之中**。你只需这么做，就能让自己的身体条件反射性地开始酝酿创意了。

创意整理术 39
在办公室里开个茶会

对于 coffee（咖啡）这种饮料，我特别喜欢用汉字"珈琲[①]"来表述。咖啡是一种小道具，能让平淡无味的办公室生出不少妙趣。一位友人毫不避讳地说咖啡的芬芳就是创意的源泉。这是怎么回事呢？

总说人在吃饭的时候，五官受到的刺激是最丰富的。一道令人垂涎的美味佳肴，首先能刺激你的味觉，然后是视觉、嗅觉、触觉。要是再来点音乐的话，你的听觉也能随之调动起来。人们在谈论海外旅行见闻的时候，总少不了提及当地的美食。也许就是因为享受当地美食调动了五个感官的综合体验。

于是，**人在享受美食的时候，五个感官受到的刺激是最多的**。换句话说，我们的感官受到刺激后，会激发创造力。那位靠咖啡的香味来刺激思维的友人，正是将这个道理付诸实践了。

我（小山）MBA 毕业后，在纽约工作了一段时间。当时我买了意式咖啡机。每当工作有些卡壳的时候，我就会停下来，享受下略带苦味的香浓咖啡。泡意式浓缩咖啡的一系列操作，也特别适合转换心情，调整情绪。

[①] "珈琲"是日语汉字表述。

你也可以使用办公室里的咖啡机，带着品尝香浓咖啡的心情，像模像样地品上几口，享受一下咖啡略带苦涩的美味。这也许会带给你美妙的感受。

顺便说一下，自从回到日本后，我便开始了抹茶生活。抹茶会给人很麻烦的感觉，但其实如果我们不去拘泥茶道的条条框框，抹茶也是可以很简单的。抹茶里也富含咖啡因，尤其是午饭后喝上一碗，**下午的工作效率会直线上升**。

我爱用的茶具。

茶都（http://www.chato-plus.com/）有卖一种户外专用的抹茶套装。物品都很小，可以放进办公桌里。让你在办公室也风雅一番。

市面上有卖简单的茶具套装，里面有茶碗和茶筅等茶具。有了这个简单的套装，我们就能不费力气地喝到美味抹茶了。点茶的动作也有振奋精神的效果。

创意整理术 40
用简单工作激发创造力

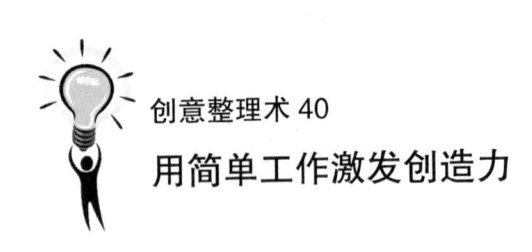

我在"创意整理术 34 思考是生理现象"中列举了几个催生创意的场所：三上、三中、3B。要说它们有什么共通之处，那恐怕是**"放松"**、**"在做某事的同时构思创意"和"节奏"**了。绞尽脑汁，冥思苦想，并不能让创意"顺产"下来。我们应该泡个澡，放松放松身心，或是边开车边思考，或是在马背上、公共汽车里，身心随之摇晃，感受一种适度的节拍。

不知道大家身边有没有这样的场所？

其实操作简单的事务性工作，非常符合这个条件。

越是自诩点子多创意多的人，似乎越不喜欢简单工作。可大家都没想到其实进行简单工作的时候，也许正是适合思考创意的最佳时间。

要想把这种简单工作的时间变成生产创意时间，还是需要下些小功夫的：

①创造能让身心放松的环境；

②拆分、细分各种操作流程，让我们无需过多动脑就能完成任务；

③在适度的节奏下进行操作。

特别是想不出好点子、思维卡壳的时候，要选能立刻出成果的简单工作来做。进行简单工作，让你身体动起来，同时大脑会得到些许

构思创意的三个条件

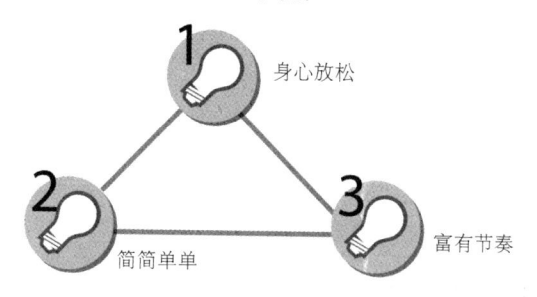

1. 身心放松
2. 简简单单
3. 富有节奏

放松，脑子里会隐约浮现出各种想法。

简单工作也会根据使用方法的不同，变成帮你创造"容易催生创意的理想环境"的工具。

这种简单工作还有其他作用。工作顺利展开会带给你小小的成就感，这都会让你更有干劲。事实上，科学家通过实验证实了人类即使在完成小任务时，也会很有成就感，大脑也会分泌肾上腺素。在正式进入创意工作之前，先做下准备运动。从这个意义来说，简单工作很有效的。

创意整理术 41
用钢笔画线

有没有一种可以替我们想点子的文具呢？如果有这么便利的文具，还真是想找来用一用。这其实并不是异想天开的想法。

比如钢笔，书写起来非常顺滑，有着用圆珠笔和其他笔无法感受到的韵味。而且，就算写字不是很好看的人（我就是这样的），用钢笔写出来的字，看起来也会顺眼很多，真是不可思议。这样一来，就算钢笔写下的只是平凡的点子，也会越看越觉得挺像样的，会让我们产生继续写下去的动力。

此外，在书上画线时，钢笔也表现出色。钢笔圆滑的笔尖流畅地滑过书页的感觉，会让你**不由自主地将精神集中到书页文字上，阅读速度也会随之提高**。等到以后再翻开书页重温的时候，优美的钢笔字迹也会让你萌生想要重新细细品味一番的冲动。

就像这样，使用了钢笔之后，它给你带来的舒适感觉，会让你的思想不断迸发出火花，灵感就在不经意间悄然而至了。

顺便一提，钢笔我使用的是蓝黑色的墨水。它跟普通的黑墨水不同，有一种情趣蕴含其中，是非常神奇的颜色。如果用黑墨水书写，黑白对比强烈，给人一种黑白分明的感觉，使得从你笔尖缓缓流出的创意，也显得有些呆板生硬。就这点而言，蓝黑色给人一种柔和的印象，让我们的心也跟着柔软起来。从这些细节之处入手，改变下自己的心情，也是呼唤灵感降临的秘诀。

换句话说，就是**输出信息的时候，需要对自己输出的东西进行加工，让它变得越来越有魅力**。用系统工学的术语来说就是要让"正反馈"发挥作用。

当我们输出某些信息后，可以把这些输出信息再度输入，据此可以获得更多的输出信息。当我们想到一个好主意之后，它可能会给我们带来更多更好的主意。就像扬声器的啸叫（Howling）现象一样，这里隐藏着一个能够让创意和点子不断增幅的机制。

创意整理术 42

思维卡壳时，奔赴现场接地气

有个曾经红极一时的电视连续剧，叫做《跳跃大搜索线》。其中主人公青岛俊作刑警，有一句很有名的台词："案件不是在会议室里发生的，而是在犯罪现场发生的！"

其实不仅限于犯罪案件，这句话对于搞创意也同样适合。不到现场去走走看看，只在脑子里干想，创意就会很容易受我们以往经验的影响。其实就是"一厢情愿的想法"。这种一厢情愿的想法，往往是自己单方面臆想出来的，要么与现实差之千里，要么会掉进意想不到的陷阱里。因此而失败的项目比比皆是。

为了消除这种一厢情愿的想法，**最好的方法就是到现场去接接地气**。我在广告代理公司工作的时候，上司常常挂在嘴边的一句话是"必须好好地观察下实际购买、使用产品的人"。当你看到在眼前实际发生的事情时，你会发现实际情况与之前脑子里描绘的情况相去甚远。

前些日子，我去看了场女排比赛。现场比赛能看到很多电视上无法看到的部分，让我发现了不少新鲜的东西。例如场地比电视上看起来的更窄些，还有比赛暂停时，现场活跃的气氛，这是在电视播出时被剪掉的部分。到了现场后，发现那里满是各种生鲜的信息，都是光看电视无法接触到的。

除了体育比赛，其实街头也满是生鲜的信息。摄影师不会放过这些信息，总能及时按下快门。甚至有人毫不客气地说"街头就是现代美术馆"。如果我们像摄影师一样，换个角度观察我们的城市，相信必然有很多新的发现。

出于这种想法，我曾经和"不同业种交流会"的朋友开了一个摄影班。大家手持一次性照相机，花上一个小时，在周边探险拍照。拍摄地点也是大家非常熟悉的地方。也许有人会问就那些闭着眼睛都能走的地方，能拍出好玩的照片吗？但您还别说，我们还真拍到了好玩的照片。

当你把照相机拿在手上时，你的眼光会忽然被一些平时忽略的风景吸引过去，然后不由自主地按下快门。当你冲洗出照片，拿在手上细细欣赏时，你会发现照片中的城市，展现出了与平时截然不同的风情。

反过来，我们也能发现人们平时是多么不关注周边的一花一木，一景一物。

每天都能看到，确实会让人习以为常，对周围的一切渐渐失去新鲜感。

然而也有人能从这些习以为常的平凡中，发现"不平凡的惊喜"。这些人就是艺术家，就是创意黑客。他们拥有一种不同寻常的敏感性，能够带着新鲜的眼光，去看待平凡的周遭事物。茶道里有个说法叫做"一期一会"，讲的就是这种境界。即使对于那些司空见惯的事和物，我们也断然不可想当然地臆测和小视。

勤走动，接地气，才会有新的发现。这不仅对刑警很重要，对所有与营业相关的人员而言，也是雷打不动的铁则。

创意整理术 43

一秒两步，走出好创意

大家平时走路时是否注意过自己的速度呢？其实步行速度也是有讲究的。有的速度很容易催生灵感，有的速度却将会灵感拒之门外。

有种叫"多巴胺"的脑内激素。科学研究结果显示，当人进行某种行为时，多巴胺肯定会起作用。也就是说当我们产生干劲的时候，大脑会分泌大量多巴胺。反过来，当我们感到没有干劲时，多巴胺的水准较低。换句话说，**想要让自己充满干劲，只要刺激大脑分泌多巴胺即可。**

那么，我们要怎么做才能刺激多巴胺的分泌呢？有氧运动是很好的方法。有氧运动是一种将氧输送到肌肉，一边消耗氧一边进行的运动，需要持续运动一段时间才有效果。游泳、慢跑或跑步三十分钟以上，就可以称得上是有氧运动。

只是我们上班的时候没法去慢跑或游泳，所以建议大家在散步时，试着稍稍走快一些。

我们还知道让某种行为成为习惯，或是反复训练等连续进行的行为，都是由多巴胺负责的。人们常说"习惯是第二天性"，可见习惯是多么重要，可是很多人对于越重要的事情就越难将之变成习惯。如果能够有效地刺激多巴胺的分泌，它就能持续分泌，刺激大脑。例如很多哲学家都喜欢散步，其实这也是因为多巴胺的分泌使思考成为习惯的结果。这么想想，大家应该就能理解了。

还有一种脑内激素，叫做"血清素"。**血清素能让人镇静下来，帮人消除压力**。散步会让人觉得精神为之一振，其实就是这个叫血清素的物质在起作用。

《"走起来！"工作术》（二木纮三著，Aku出版）这本书中，作者建议大家以一秒钟走两步的速度，步行五分钟以上。据说这是因为大脑中缝核是按每秒两次的速度分泌血清素的。每秒两步的速度可以与中缝核引起"共振"，从而促进血清素的分泌。这个一秒两步的走法，比平时的步行速度稍稍快些。为了构思出好的创意，我们也有必要注意一下自己的步行速度了。

创意整理术 44

播放自己的主题曲

没有时间散步的话，可以用听音乐来调动自己的情绪，让自己high起来。郁闷低落到无以复加的时候，来点硬摇滚，给自己振奋振奋精神。而当你想放松身心时，听一曲夏威夷音乐，感受一下海浪带来的宁静，似乎有不少人用这样的方法来调控自己的情绪和心情。

这样看来，我们可以给自己设定一些主题曲，在必要的时候，用它来转换心情，切换模式。 给自己定一首进入工作状态时的主题曲。如果在工作之前听上一曲能够刺激多巴胺分泌的音乐，即使是讨厌的工作，相信也能积极面对；如果是刺激血清素分泌的音乐，就等于给自己打了一剂精神安定剂。只要做某个工作，就重复播放同一首歌，也许可以帮助我们将这种操作变成一种习惯。

我有位朋友喜欢打保龄球。但凡遇到状态不佳的时候，他就会跑到投币式点唱机那里放段自己喜欢的音乐，让自己振奋一下。他靠音乐给自己打气，以猛虎下山之势，冲击高分。总有其他朋友调侃他"弄得跟漫画里画的一样"。不过他的厉害之处，也就在于会利用音乐调动自己的情绪，化不利为有利吧。

我身边有各种风格的音乐爱好者。有的喜欢爵士乐，有的则是古典乐的铁杆粉丝。也有人每天都放不同的音乐，变换着自己的心情模式。

某个制作公司每天会选出一个员工当 DJ，在公司内放他选出的音乐。**用这种方法保持整个公司的"创造模式"**。

顺便一提，还有这样一段关于音乐的趣事。曾有书评这样评论已故的三木成夫先生的《胎儿的世界》（中公新书）："解剖学的成果与形态学的推理，像第一小提琴一般奏出美妙音符。乐曲构想演奏得非常精彩。"[①]实际上似乎三木先生在执笔《胎儿的世界》时，一直在听巴赫的《无伴奏大提琴组曲》。

如果说三木先生那部名著中笼罩的厚重氛围，是来自他所听的音乐，那么你的企划书中或许也流转着背景音乐的美妙韵味。

根据工作内容的不同，有意识地换用不同背景音乐搭配。可以用音乐来界定工作的模式，是种便于操作的妙招。

顺便一提，作者的主题曲是：

【小山】七尾旅人的《どんどん季節は流れて》(《流转变幻的季节》)／奥田民生的《イージュー★ライダー》（《E10★骑士》）

【原尻】Kururi 的《ワールズエンド・スーパーノヴァ》（《世界末日·超新星》）／U2 的 *Where The Streets Have No Name*（《无名街道》）

[①] 松冈正刚的《千夜千册》第 217 夜（http://www.isis.ne.jp/mnn/senya/senya0217.html）。

创意整理术 45
确定开始工作的仪式

总有一些人没法快速进入工作状态。在开始某项工作时，能否迅速进入状态可以说是工作中的"鬼门"。

前面我向大家介绍过，人在开始某项工作时，大概要花九分钟的准备时间，才能进入集中状态。但实际上就我个人的经验而言，从开始着手到进入状态，总有些犹豫不决的时候，感觉很多时候花了远远不止九分钟。

事实上，一旦你进入状态，大脑就会受到相应的刺激，让你能在短时间内提高集中力，专心工作。所以**问题就在进入状态所花的时间**。如果你要花太多时间培养感情，工作就很难有进展，不对，是永远"没法开始"。

为此，比如小说家这类靠笔杆子吃饭的人，都有各自的方法——让自己能尽快进入状态的准备运动。比如拿支铅笔削一削，要么先打扫打扫房间，要么扔些不用的资料……这些可以说都是**为开始工作而进行的"仪式"**。

举行这种仪式的人也不仅限于小说家。我认识的人里，也有人有怪癖。他不为上班举行下仪式的话，就没法出门上班的。这个仪式就是擦鞋。据说他是借由擦亮皮鞋来振奋自己的精神——"好了，今天也要努力"。

　　一说起仪式，大家总觉得很麻烦。不过如果换个思考方式，就变成只要进行了仪式，便能安心冲出起跑线了。举行仪式，能够让人有不错的工作表现。从这点而言，仪式也是个不错的方法。比如，铃木一郎（西雅图水手队）在进入击球区后，会有一个把球棒指向投手的动作，这其实也是一种"仪式"。

　　与铃木一郎同为西雅图水手队击球手的还有长谷川滋利。他提及运动选手的这种仪式时，将其分为"superstition"（迷信）和"routine"（例行程序）两种情况来说明。他说能带来好结果的往往是例行程序，它其实是一种精神训练的实践性手法。①

　　都说"习惯是第二天性"。将举行某种仪式变成习惯，通过这种仪式，提高人的发挥水平。如果真能这样的话，习惯还真是一种能称为天性的能力了。

　　顺便一提，**有一个任何人都能轻易上手的简单仪式——撕碎资料**。清理出不上用场的资料，然后大刀阔斧，统统撕碎，全部倒掉。既能发泄一下压抑的情绪，也能收拾掉多余的资料，让办公桌焕然一新，可以说是一石二鸟之策。

　　不管你相不相信，总之请先尝试一下在碎纸声中开始一天的工作吧。要不干脆把这种仪式确定下来，让它成为一种帮你迅速进入工作状态的好习惯。

---

① **体育运动是感性与理性的综合艺术。可以从中学到很多东西。**

创意整理术 46
吃些升糖指数低的食品

我在美国的时候,当时正在流行低碳水化合物减肥法。这种减肥方法是减少摄入容易消化的碳水化合物,让饮食重心偏向不易消化的蛋白质的摄入。

举个极端点的例子,比如一天三餐只吃肉,一口主食都不吃。于是,我也尝试了一下。结果发现脑子都快转不动了。后来经过一番调查,才发现原来脑子不转是有原因的。

人脑是非常娇贵的器官,只能从葡萄糖中获取能量。摄入碳水化合物是最有效的补充葡萄糖的方法之一。当人们减少碳水化合物摄入后,大脑便会处于短暂的能量不足状态。于是脑子的运转就越来越慢。

对这个结果,我恍然大悟:"果然进食跟创意是有关系的呀!"每次去开会,我都带上糖分容易被迅速吸收的香蕉和巧克力等食物,做了一番尝试。

但是,现在我听到了另一种说法。据说摄入这些糖分,会使血糖短暂升高,确实能提高精神集中力,但此后身体会追加分泌更多胰岛素来降低血糖值。这样反而会让身体更加疲惫。

这么说来,似乎真是这样。因为每次开完会后,我都会觉得身心俱疲。(我可能是别人说什么就信什么的那种人吧,笑)

于是我最近肚子有点饿的时候，都会**吃些让血糖值上升缓慢的低 GI（Glycemic Index，血糖生成指数）食品**。例如大冢制药的 SOYJOY 之类的。以前我中午总爱吃乌冬面，后来还是出于同样的原因，改吃低 GI 的荞麦面了。

我还尝试了其他吃的，比如咸梅干。咸梅干富含柠檬酸，有很好的消除疲劳功效，所以我觉得应该也很适合用来消除脑力疲劳，所以也赶紧试着尝了一尝，果然效果奇好！咸梅干的酸味也有提神效果。会议中感到疲劳时，一颗咸梅干就能将疲惫一扫而空。

可是没想到的是，我问了专家后，才知道柠檬酸似乎只能帮助肌肉消除疲劳，没有赶走脑力疲劳的功效。原来那只是强烈的酸味刺激了味觉，才使大脑为之一振而已。

无论如何，为了构思好的创意，我进行了各种尝试，就连食物，也是下了一番功夫的。

创意整理术 47
找到激发创意的模式与风格

在本章"五感妙招"中，我重点聚焦于构建一个适宜催生创意的环境，向大家介绍一些妙招。这里的关键是，我们要**能够经常意识到激发灵感创意的模式和风格。**

每个人都有自己的风格。而这种风格也不是轻易能改变的。有人可能不好好吃早饭，就没法开始一天的工作。有人也许不开个长点的会议，就想不出好点子。我不太受得了长时间的头脑风暴，要说起来，我应该是靠自己单打独斗，然后想出创意的那类人。

但是，这种风格也需要不断尝试，不断改进。就连天才击球手铃木一郎每年也会微调自己的击球姿势。配合工作环境或自身工作内容的变化不断改变自己的风格，也是需要勇气的。这无疑是跟提升职业技能息息相关。

只是，这时候如果有种好的风格可以当做样本来参考，就能轻松不少。有个词叫 role model，意思是榜样、范本。**我们可以把上司或同事的工作风格，当做榜样来效仿参考**，从他们那里偷学些有用的东西。相信我在"五感妙招"这章里列举的风格，也能为大家提供一些参考和借鉴。我从擅长头脑风暴的前辈那里，也渐渐学到了如何利用头脑风暴来激发灵感。[1]

我们一方面这样梳理自己的工作风格，另一方面也面临着一个问题，那就是**如何在更短时间内控制自己的模式**。

昏昏沉沉的下午，怎么也提不起干劲的时候，我们要如何让自己尽快进入工作状态？反过来，当我们需要好好休息的时候，如何让身心完全放松下来？能够很快转换作息状态的人，就能取得好的成果，这里也有不少妙招可供使用。

想要随心所欲地转换模式，就需要控制进入大脑和身体的信息流。有时需要能够带来刺激的信息，有时需要让人心神放松的信息，有时则需要试着阻断这些信息的流入。通过这样的方式，人的身心就能很容易地切换不同模式了。

而这种模式也和风格一样，最有效的方法，就是模仿好的范本。如果我们将自己调到"女高中生模式"，去涩谷街头走上一圈，就会发现很多从未意识到的新东西。下一次再把自己调到"大妈模式"，到超市里逛上一圈，又会发现怎样的新天地呢？转换一下心理模式或角色模式，你会惊奇地发现自己甚至连看待事物的角度也会随之一新。

转换模式的关键，在于我们要事先把握好自己的模式。其实就是要不要让自己浑浑噩噩地混日子，让时间白白溜走。（不过，偶尔浪费浪费时间也不是坏事。）

模式与风格——当你能够自由运用它们的时候，你会发现创意黑客之门已经向你敞开。

---

[1] 关于模仿他人，请参考"创意整理术70：模仿大人物，复制伟大创意"。

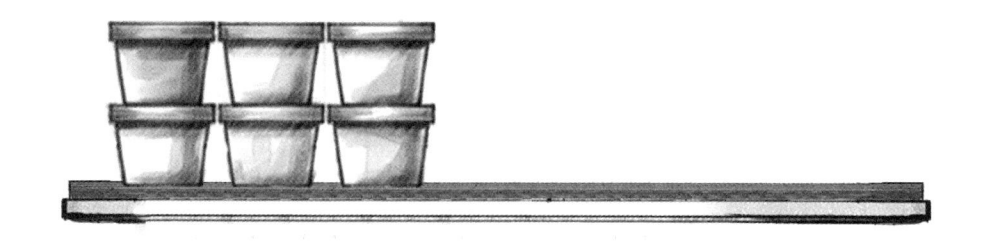

Chapter 5　思维妙招

与创意邂逅，与创意离别

创意整理术 48

两个思维路径

构思创意是有方法的。

这是我在本书中贯穿的信念。我身边有不少足智多谋的朋友，也说过同样的话。他们并非一开始就能想出很多创意，而是在某一刻突然发现"原来这样做就行了呀"，并找到了自己的方法。从此以后便创意不断。

在这里我会把创意的思考方法、构思方法落实到工具上，一一向大家介绍。方法是很难用语言解释清楚的，于是，我打算细化到每个具体的工具来讲。这就是本章节的目的。

在介绍工具之前，我想跟大家一起思考一下创意的两个构思路径。其实要达到"经典创意"的巅峰，**有两条不同的山路可走。**

一个是**使用演绎法的登山路径**。这个方法是使用某种规则、定理及规律，去找出答案。

假设我们发现了蔬菜有营养的规律。由于胡萝卜是蔬菜，所以我们可得出胡萝卜有营养的结论。这个方法又叫做三段论法。

使用演绎法时，思维路径一开始就设定好了，所以逻辑性很强。就像笔直的主干道。如果顺利，能顷刻间找出答案，但缺点是不灵活，一旦道路中断，就会很容易变成 The End 了。可以说很多陷入僵局的会议，都是由于使用了这个方法，才遭遇了创意困境。

越是认真的人，越容易陷入这种困境。正因为深信这个规律正确无误，他们才会坚持使用三段论法找答案。

在这些人的眼里，除笔直的主干道之外，看不到其他的"可能性"。其实，理论无法导出的例外是存在的。不对，应该说世事难料，总是有例外存在的。在这样的世界里，单靠演绎法是无法实现突破的。这里需要的是**与依靠演绎法不同的、着眼于"可能性"的归纳法路径**。[①]

归纳法所走的流程，是边观察各种情况边找出规律。

例如前面所提到的蔬菜的例子，我们对各种蔬菜观察一番之后，发现它们似乎都有很高的营养价值。于是，我们便能得出"蔬菜营养价值很高"的结论。

这个归纳法还可能得出其他结论，比如蔬菜会进行光合作用。

也就是说，归纳法得出的结论和规律是因人而异的。因此，我们也可以说**归纳法是一种对"可能性"的思考**。

例如，我们准备开发一款畅销产品。此时有没有能普遍应用的畅销产品开发规律呢？如果有的话，那满世界都应该充斥了畅销产品。实际上通过演绎法开发畅销产品，是件非常困难的事情。原因是演绎法首先要求我们去考虑条件、法则及规则等要素，这些因素都会随着时代的变迁而不断改变。而且不管是多么畅销的产品，再开发同类产品，也只会是原产品的"山寨版"。

这时我们就需要归纳法，即纵观世界的万千现象，从中找出事物的本质和规律，并加以利用。**唯有按归纳法进行思考，才是帮助我们在这个复杂世界生存下去的必需品。**

[①] 如果会议上有好下定论、说话不留余地的人，那么一定要注意了。这类人屏蔽了自己的其他可能性，是典型的演绎式思维。

演绎法路径　　　　　归纳法路径

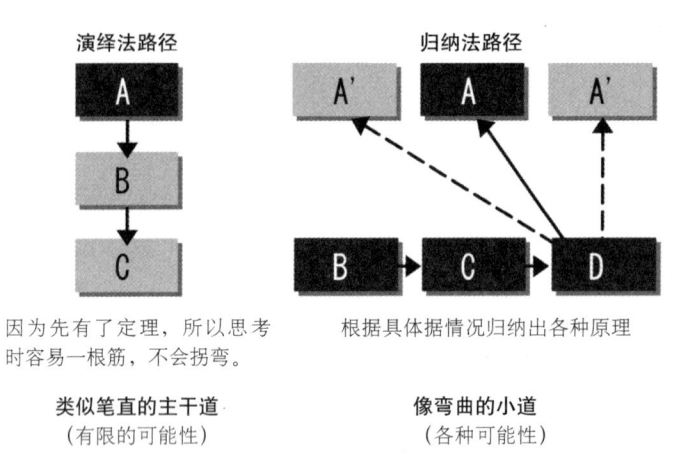

因为先有了定理，所以思考时容易一根筋，不会拐弯。　　根据具体据情况归纳出各种原理

类似笔直的主干道
（有限的可能性）

像弯曲的小道
（各种可能性）

话虽如此，一上来就要我们立刻按归纳法去思考，也是难以做到的。所以本章会先向大家介绍一些工具，帮助大家学会按归纳法去思考，我称之为"创意构思的生存工具包"。当别人向你索求创意时，这些创意构思工具会帮你走出困境。

创意整理术 49

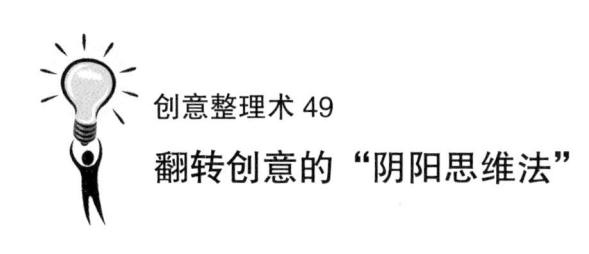

翻转创意的"阴阳思维法"

在最基本的工具中，首先需要记住的是叫做"二元对立"的思维工具。

它的内容并不难。就像硬币有正反两面一样，我们需要从两个侧面，来对某件事或物进行考虑，这是基本中的基本。如果连这个方法都不会用的话，构思创意也就无从谈起。

例如正与负、男与女、关东与关西等，很多事物都是用二元对立来把握的，最经典的例子就是电脑，文字信息、图像信息、声音信息等所有信息，电脑都是使用0和1的二进制语言这样一个"二元对立"来表现的。其实，本书中诸如"模式和风格"、"相逢与告别"以及"方法与视角"等，都是利用二元对立的方法来命名的。

也许有人认为这是最平常不过的事情。但在创意构思法中，它是个非常重要的工具，之所以这么说，是因为**这个方法总会让我们去考虑事物的"反面"**。

假设我们要面向年轻女性开发一款新产品。这时，我们如果一味地考虑年轻女性，那么想出的点子也只能是早已问世的产品的"山寨版"。这样一来，就会令人怀疑"自己是不是已经江郎才尽了"，难免让人心生退意。

但是，这时我们就需要去想一想硬币的反面。我们不妨先考虑一下"上了年纪"的女性的喜好，然后从中选出年轻女性可能会感兴趣的内容。另外，我们还可以去考虑一下既能被年轻"男性"接受，又有望被女性认同的点子。

有数据显示，才库媒体集团（Recruit Holdings Co., Ltd.）面向男性发行的免费杂志《R25》，实际上也有不少女性读者。如果我们不去探究硬币的反面，就无法发现这些事情。而探究硬币反面的结果，又使另一个崭新的媒体《L25》诞生。

据说这种二元对立的思维方式，在古代中国被称为"阴阳"。阴阳被视为万事万物的根本。这种阴阳的思维方式，作为各种思想的基础，发挥了极大作用。抓住事物的表与里、阴与阳，进行构思不仅是耍耍小聪明，发明些雕虫小技，还跟伟大的哲学思想紧密相关。

还有将若干个二元对立组合起来的方法。电脑的 16 位和 32 位，就是分别将 16 个和 32 个二元对立项联系起来处理信息的。

就上面所举的例子而言，那就是在考虑"年轻女性"的时候，同时也考虑"上了年纪的男性"的方法。就是把"年轻"和"女性"这

二元对立

万事万物都具有两面性。只要能认识到这一点，我们的思考范围便会骤然倍增。详细内容可参阅松冈正刚编写的《智的编辑术》（讲谈社现代新书）和《智的编辑工程学》（朝日文库）。

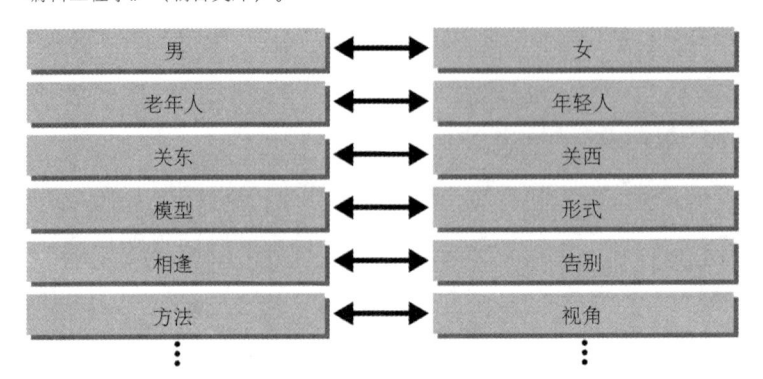

男	↔	女
老年人	↔	年轻人
关东	↔	关西
模型	↔	形式
相逢	↔	告别
方法	↔	视角
⋮		⋮

两个部分的二进制信息翻转过来，看看反面是什么样。

就这样，在看似毫无关系的范畴之间，找找看有没有某种共同点。这时，思考"可能性"的归纳性思维方法就会全速运转。我想称这种方法为"阴阳思维法"。

把乍看之下似乎没有关联的信息相互联系起来，然后创意便不期而至了。阴阳妙招是一种便利的工具，它帮助我们发现了这种崭新的信息组合方式。

创意整理术 50

直指本质的"三角思维法"

　　用二元对立法思考之后，我们再尝试一下从三个方面考虑事物的"三角思维法"。

　　世上有很多事物都是通过三角关系确立的。比如，立法、司法和行政的三权分立，相扑和政党的执行部门也是由三大要职构成，基督教信仰圣父、圣子、圣灵"三位一体"的上帝。

　　三角形是一个非常稳定的形状。无论什么图形，不断分解下去，到最后我们都能发现其实它是三角形的集合体。也就是说，**任何事物到了最后都可以分为三个要素去把握**。正如前文所述，按照三角思维去考虑问题，可以说是一种去粗取精、去伪存真、看穿事物本质的思维方法。[①]

　　让我们回想一下阴阳思维法里举出的例子。在策划以"年轻女性"为目标群体的产品时，假设我们要考虑所谓"年轻女性"是个什么样的群体，三角思维就能发挥很大作用。

　　这些女性们所追求的是不是"爱情"、"时尚"及"事业"？她们花钱消遣，是为了"解除疲劳"，是为了"给美丽投资"，也是出于"好

[①] 编辑工程学研究所的松冈正刚给"三位一体"另加了4种模型，研制出了5个"编辑思考要素"。

奇心"。我们可以得出各种各样的三角形。

像这样，在找出三角形各个项目的过程中，我们必须摸索各种各样的可能性。这时新灵感也会突然出现在我们的脑海里。（通过有目的地创造"空格"来激发灵感。另外，针对人生里的"空格"，我在"创意整理术 86 偶然力口袋"中也有详细的介绍，请参考这部分内容。）

有些人不太习惯三角思维，那么从阴阳的二元对立开始也未尝不可。例如，先用二元对立的思维进行考虑，得出"私生活中的爱情"和"工作上的职业生涯"这两个对立项，之后再追加另一个因素。例如试着加进一个"给自己的奖赏"的因素，这样就能形成一个三角形了。

这里还有一个重要的事情就是，大家在进行反复摸索的时候，一定要**用上纸和书写工具**。

如果是用电脑，从软件制作这一点而言，也很难表示这类三角图形。但手写的话，只需画个三角形，给每个角上添加单词即可。电子工具固然重要，实体工具也不可废弃。实体工具对构思创意也至关重要。这一点跟接下来我准备向大家介绍的"实体工具思维法"也有关联。

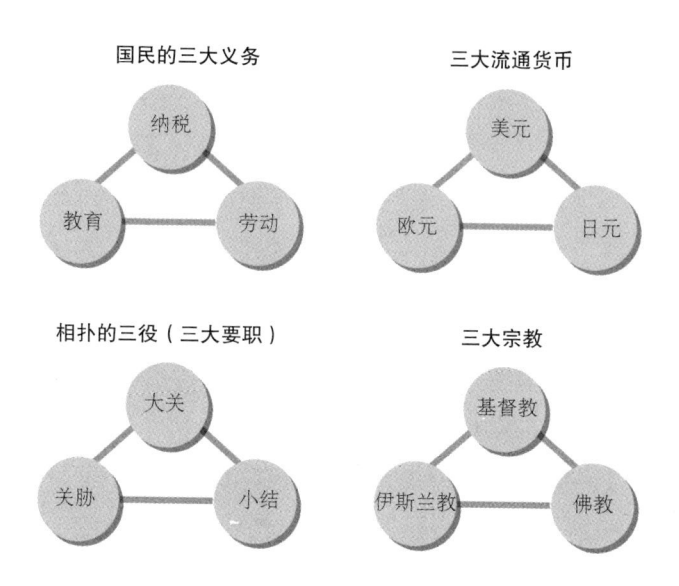

国民的三大义务：纳税、教育、劳动

三大流通货币：美元、欧元、日元

相扑的三役（三大要职）：大关、关胁、小结

三大宗教：基督教、伊斯兰教、佛教

创意整理术 51
用实体工具来构思创意

用电脑很难绘制三角图形，所以要自己动手写画。

这么做的主要目的是节约时间。不过我推荐大家这么做，还有另外一个原因，那就是"用实体工具更容易想出好点子"。

因为实体工具有笔迹、纸张色彩以及曲线状态等数码工具不具备的各种附加信息，容易记住，能够靠直觉去理解。我们在"创意整理术 41 用钢笔画线"章节中也曾接触过，因为这样做能产生"正确的反馈信息"，**一个点子往往能进一步触发另一个点子的诞生。**

在使用实体工具的创意思维法中，我最想向大家推荐的是**便笺纸创意思维法**。这个方法并不要求大家把我在前面介绍的阴阳思维法和三角思维法直接写在纸张上，而是把它们先写在便笺纸上，然后再进行各种排列，并贴在纸上。

使用便笺纸时，我们可以随意变换粘贴位置，这样就能够简单地导入不同要素。我们可以尝试用这些因素构成各种三角图形。另外，在由多个成员构成的工作小组内，大家可以提出各种因素，制作三角图形，还能所有人一起开展工作。

下面我以将棋为例进行说明。将棋有很多棋子，每个棋子都有不同的特点和优势。如果没有把子放在恰当的位置上，就无法发挥它的创意的整个格局可以通过棋子的布局来掌握。将棋也是一种非常出色的思维练习工具。

优势。据说最强的棋,是由飞车构成的"龙",可如果放置的位置不对,不仅不能正常发挥威力,有时甚至还会影响到其他棋子。

　　创意也是如此。我们需要一边维持整体的平衡,一边**巧妙地安排我们想出的点子**。先把脑海里浮现出的点子写到便笺上,待积累到一定数量之后,再进行分组。然后,把便笺纸当做将棋棋子一样移动。这样一来,我们就能把握全局,从全局视角出发去解决问题。而下将棋时,行兵布阵必须保证每个棋子都能发挥最大威力。可见两者是有着异曲同工之妙。

　　我听说羽生善治下将棋时,一心想要"留下美妙的棋谱"。我想出色的创意也应该以"美妙的布局"来收官才对。

　　顺便提一下,便笺纸需要准备两种。一种是小一点便笺纸,规格是6cm×2.5cm。上面只用一句话概括出你的点子。另一种规格为6cm×5cm,是稍微大一点的长方形便笺纸,记录稍长些的文章时用。

　　如果用将棋来说,就是步和大驹①,一个都不能少。

---

① 日本将棋术语。

创意整理术 52
改变语调

从实体工具的角度来讲，声音也是非常重要的。

人的外表非常重要，甚至有一本书的名字就是《你的成败，90%由外表决定》（竹内一郎，新潮新书）。穿戴整洁会给人一种干净舒服的感觉。

然而，人们还会对他人的其他地方品头论足，其中一个就是"声音"。包括谈话方式在内的语气，还有说话时的声调——大家都会本能地根据这些因素，去判断一个人是志向远大，还是和蔼可亲，抑或是心术不正。

例如足球选手贝克汉姆，长着酷酷的一张脸，但从他的采访中可以发现，他的声音原来像米老鼠一样可爱。这时有人就会想没准他个性其实也很可爱。再听听演员唐泽寿明先生的声，他的声音会让人感觉他"性格像切开竹子时的声音一样干脆直爽"。

另外，**声音的状态容易反映个人的内心世界**。我有一位自尊心极强的朋友。他在找借口的时候，总会用极快的语速说话，拼命想用语言去掩饰自己的错误。某次我察觉出他说话声音力度变大，觉得不对劲。一追问，果不其然，他向我坦白"跟女朋友分手了"。我们可以通过声音，实时地推测出人们的内心。

最近我开始从播客下载一些名人的访谈录音来听。它不同于铅字，别有一番韵味。播客能使我从铅字表述的形象中超脱出来，去塑造一个更加生动的真实形象。除了靠读书去理解内容，我还用心去听声音。这让我感觉到好像突然离那个人的内心更近了一步。

《让你的演讲更胜一层楼》中，记载了电通的杉山横太郎申办2002年FIFA世界杯足球赛时的演讲。在国外专业演讲咨询公司提出的建议中，最令杉山先生钦佩的是"演讲时重要的，是个人的声线语调"。也就是说，**决定演讲成败的关键不在于内容，而在于声线语调**。

其实创意也是一样。我们不仅要用文字把创意表现出来，还要把它们大声朗读出来。这样我们才能掌握这个点子的"品性"、"内在"和"本质"。

另外，我们还可以尝试用低沉的语调读一读活泼的企划案。实际试了之后，你会发现其实非常有趣。

单凭语调就能使你对企划案的印象发生一百八十度的转变。在这种情况下，如果还有什么东西没有改变的话，那它也许就是这个创意的本质所在了。

创意整理术 53

多看些"好东西"

如果用一句话概括使用实体工具思考事物的优点,那就是"唤起形象思维"。也就是说,**使用实体工具时,我们可以根据具体的形象**进行思考。创意妙招的本质其实在于"用形象思维思考"。

或许有人会质疑,认为思维靠的是语言。但是,语言所表达出的逻辑性,很多时候会妨碍思维的自由发散。

例如年纪大的人总会感慨"现在的年轻人真没用啊"。用抽象的语言来表达这个观点,似乎我们也能听得懂。但是这里所说的年轻人到底指的是谁呢?是刚进公司的职场新人?还是高中生?如果是高中生,是不是排除了那些努力学习或努力参加社团活动的学生?我们可以有很多种解释。我们可以清晰地想象出这个"年轻人"的形象,还可以把他画出来。根据需要,还可以具体地表示出是"那个人"。**这就是形象思维。它要求我们提供更多的具体信息。**

一旦在心中描绘出具体形象后,我们就会对断言年轻人"没用"的观点产生抵触感。因为我们看到了各种细节,无法再继续"一刀切"了。并且经过仔细思考之后,我们就会发现,所谓"年轻人没用"的说法,只是我们脑子里有这个先入为主的观念,并重复提到这个固有观念而已。

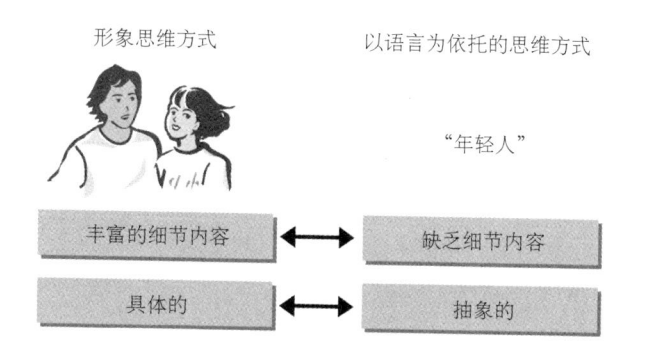

```
形象思维方式              以语言为依托的思维方式

                         "年轻人"

  丰富的细节内容  ⟷  缺乏细节内容

   具体的      ⟷    抽象的
```

体育选手也在有效利用这种"形象思维"。据说速滑选手做意象训练时，会反复琢磨比赛现场直播的录像带，并让身体记住发挥良好时的感觉。想必大家都听说过吧。

前面提到过的长谷川滋利先生，也曾介绍过"形象库（Image Bank）"一词。只要平时多记住些发挥良好时的感觉，即使处于困境，也能沉着地发挥正常水平。"形象"甚至可以左右身体状况和运动的结果，它的力量就是这么强大。只要能熟练掌握形象思维的方法，就能不断地激发新的灵感。

我曾咨询过某位设计师"如何才能成为一个设计师"，他的回答是"要多看好东西"。用的同样是形象思维妙招。

设计本身就是关于形象的东西。而在生意场上，**能不能想象出遗漏之处，也跟是否拥有"形象库"息息相关**。越是涉足未经人开垦的处女地，"使用形象思维来思考"就越发重要。

不过，跟归纳法的思维方式一样，可能有些人也做不到一上来就用形象思维思考。所以，下面我要向大家介绍几个"帮助我们激发形象思维的工具"。

创意整理术 54
通过定位图促发形象思维

首先向大家介绍的是定位图，这是一种常用于市场战略的图形。它常用来描述各种品牌的定位，所以叫做"定位图"。

就汽车行业而言，我们能描绘出下面这样的定位图。奔驰是颇具品位的品牌，宝马则极具运动风格，丰田的功能性极强，日产则放在各项因素都比较均衡的位置上。单靠语言来说明这些内容，可能会很难说清楚，但是如果用图来表现，就一目了然了。

用了这个工具后，**任何人都能够轻而易举地使用形象思维思考了。**"这个品牌应该靠上，还是靠下？"你在反复琢磨这个问题时，用的正好就是形象思维，靠语言进行思考就很难抓住这种微妙的韵味。这种定位图在如下场合会更显奇效：

①想表达某种具有独创性创意的定位，却用语言无法说清的时候；
②想要丰富目标市场的形象，以便更好把握目标的时候；
③整理已出炉的创意，并确认还有哪些领域没有想出创意的时候。

要想灵活运用这个工具，坐标轴的选择方法至关重要。

比如定位某些杂志的时候，如果将横轴设定为男女，将竖轴设定为年龄，就能做出正统的定位图。

相反，如果用"户外类"+"室内类"的坐标轴与"健康类"+"娱

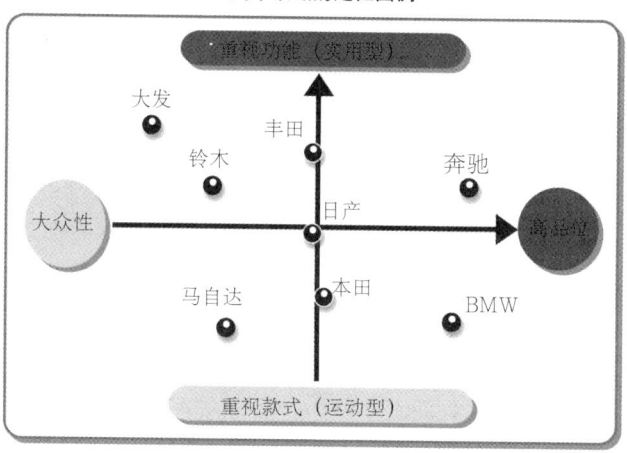

汽车领域的定位图例

[图:坐标轴——纵轴"重视功能(实用型)"向上,横轴"大众性"到"高级性",纵轴下方"重视款式(运动型)"。分布:大发、丰田、铃木、日产、奔驰、马自达、本田、BMW]

乐类"的坐标组合一下,就会变得很有趣。如此一来就会呈现不同的结果。

选择坐标轴的要点有二:**一是巧妙地找出二元对立,二是尽量选择不寻常的组合。**

在设计新款电脑的时候,如果把功能和价格设定为坐标轴,就想不出什么好玩的点子。这时就需要胆量,把巴黎或伦敦设定为坐标轴,大胆地去想象巴黎范儿的电脑该是什么样的。这样才能不断扩大可能性,也必定会激发形象思维,催生出富有特色的好创意来。

创意整理术 55

在曼荼罗九宫格上下点工夫

曼荼罗九宫格（Mandal-art）也是最适合形象思维法的工具之一。首先画出 3×3 形式的 9 个空格。在正中间的空格内填写主题，并在周围的空格内填写与这个主题有关的内容。这样一来，就能从最初写好的主题中衍生出各种各样的创意了。

使用曼荼罗九宫格的优点，是我们不得不强迫自己去激发灵感。通常我们在构思创意的时候，一般不会强迫自己去想八个之多的点子，总在想出两三个之后，就草草收工。但是，如果使用曼荼罗九宫格，我们就会想方设法去填满空格，绞尽脑汁硬是逼着自己去想点子。这样我们就会发现**信息的新组合方式**。

曼荼罗九宫格的名字来源于佛教密宗的曼荼罗。而分成九个方块则有可能来源于金刚界曼荼罗。

密宗非常重视图像式的思维方法。因此他们认为重要的教义不可通过书本来传授。故将自己教派命名为"秘密说法，深妙奥秘"。

除了密宗之外，日本还有很多推行形象思维方法的思想。"禅"就是其中最具代表性的例子。坐禅所推行的是"只管打坐"（只需一直端坐的意思），排除用语言表述的逻辑思维，引导大家使用形象思维去感悟。修禅问答里，也有不少公案，是讲禅师呵斥以语言为表征的空想逻辑的。①

刚才可能有些跑题。但我想说的是不要简单地把曼荼罗九宫格当成工具。如果可能的话，希望大家能潜入深层的思想背景当中，让思维天马行空一番。

比如我们可以这样做。

主题周围有八个空格，先填写上下左右的四个空格。这时，请尽量让填写的内容为二元对立的项目。然后，以这四个答案为坐标轴，填写四角剩下的空格。只是，**填写空格的时候，不可不得要领地盲目填写，一定要有坐标轴的意识。**金刚界曼荼罗中也非常重视东西南北这四个方向。

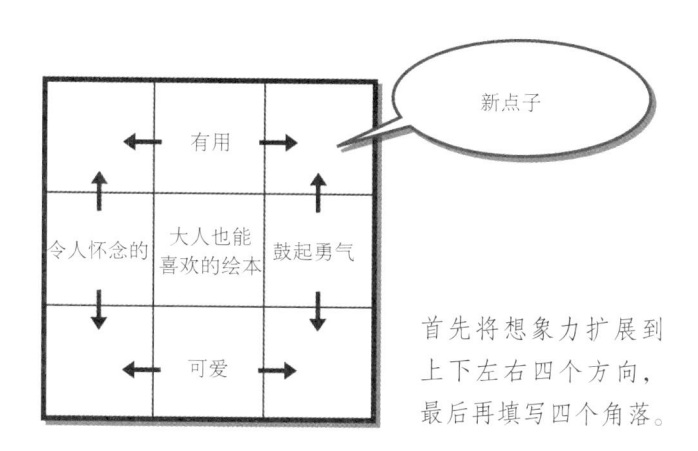

金刚界曼荼罗，这里充满了形象思维法的智慧。

首先将想象力扩展到上下左右四个方向，最后再填写四个角落。

---

① 禅给茶道、剑道以及美术都带来了极大影响。换句话说，它是一种用来创造方法的方法，是能够作为"方法元"（Meta-method）来使用的。

这样一来，我们就能尽量让自己用形象思维来考虑事物了。曼荼罗九宫格很好用，但基本上也要使用语言进行思考，很多时候难免会沦为语言游戏。因此，我们需要用这个强调形象思维的改良版曼荼罗九宫格的思维方法。

创意整理术 56
用杂志碎片做拼贴图板

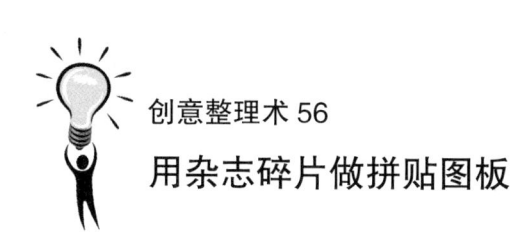

使用定位图或曼荼罗九宫格，的确更容易激发形象思维，但仍有人无法展开想象的翅膀想出好点子。为此，我在这里介绍一个最适合的方法——拼贴图妙招。所谓拼贴图，指的是由照片、插图及文字的碎片拼贴而成的图案。

我在广告代理公司工作的时候，曾制作过很多这种拼贴图，制作方法极其简单。

首先，准备五六本不同种类的杂志和较大一点的模造纸。然后，从杂志刊登的风景、人物照片及插图中，选择跟自己想说明的形象最为贴切的风景，将选中的书页一一撕下。

最后，待撕下的页数攒到一定数量时，再用剪刀把符合脑子里的形象的部分剪下，并用胶水一一贴到模造纸上。这样一来，原本大脑中模糊不清的形象，便逐渐清晰显现出来。

我再罗嗦一句，只靠语言去思维，不会涌现出多彩的灵感。正因如此，利用刊登在杂志上的图片才会效果显著，因为里面隐藏着超越语言的信息。这时拼贴图就可以成为一个**便利的工具，帮助我们催生尚未成为语言的创意灵感。**

另外，除杂志外，产品画册也是可以帮助我们发散思维的有效工

以理想的办公室为主题,用杂志或宣传画册来制作拼贴画。语言信息加上非语言信息,形象就更加丰满了。

具。例如,在思考网页设计的时候,与其去捕捉脑子里若隐若现、模糊不清的感觉,还不如去看看 *Web Design Index*[①]。这里像产品画册一样,刊登了全球优秀的网页设计图案,有了它,灵感原本模糊的轮廓会变得越来越清晰。

产品画册不一定局限在与工作有关的领域内。做电器广告时,我们也可以从时尚画册里取经。邮购产品的目录画册里刊登了不少以功能为卖点的产品,我们也可以从中寻找一些启发。

正如我在归纳法的思维方式中向大家介绍的,关键在于**多多参考各种案例,然后找出属于自己的规律**。有时使用不同领域的画册,反而更能集思广益。

邮购用的产品目录很便宜,在网上申请后,两三天就能寄到。虽然我们没有购物的打算,可能有给做邮购的公司添乱的嫌疑。邮购目录是为了勾起人们的购买欲望而制作的,所以从市场营销的观点来看,它是非常有趣的。我非常希望大家不断贪婪地吸取各种营养,来养肥自己的灵感。

先选出几个你比较感兴趣的内容,然后跟杂志一样,试着做一个拼贴画板。此外,我们还可以将这些内容配置到定位图上,或放进曼

[①] 这是一本刊登1000多个网页页面的画册。该画册已变成系列画册,2012年4月出版了第10期。

茶罗九宫格的某个空格内。

这样一来，相信即使不擅长形象思维的人，**也可以轻松地展开想象的翅膀了。**

创意整理术 57
妙用同义词词典

接下来，我会为怎么都不会用形象思维的人介绍一下可以依靠语言的力量发散思维的妙招。这就是使用同义词词典的思维方法。

在会议商洽中，我们常会遇到为词语定义发愁的时候。很多情况下，大家使用的词语都差不多，可使用时的意思却相去甚远，以至于讨论

在 Thesaurus.com 上搜索 idea，出来的同义词竟多达 78 个。

很难达成一致。这时就需要规范语言，让大家用词更严谨。换句话说就是准确规定语言的含义，并让大家都规范使用。

然而，在发散思维时，则需要反其道而行之。如果严格规定语言的含义，则会关闭其他的可能性。所以我的方法是不下严格定义，**反而要不断展开联想，让思维尽量发散开去**。即便某个词语原本形象并不鲜明，也会在这个过程中，逐渐添上色彩，变得鲜明和丰满起来。

这时，同义词词典就是一种非常方便的工具。我们把某个词设定为主题，然后一查这个词，就会相继出现其他关联词。

这种同义词词典，日语版为数不多。其中，我向大家推荐《角川类语新辞典》（角川书店）。网上词典可以使用株式会社语言工学研究所的《类语.jp》（http://ruigo.jp/）。该网站是收费的，月使用费是 840 日元（可以最多免费使用 20 次）。英语词典有"Theesaurus. com（http://thesaurus.com/）"。我们不仅可以查日语词典，还可以试着把日语译成英语，然后再用英语同义词词典搜索一下。

如果还有余力的话，推荐大家查看一下英语单词的词源。说起英语的词源，最终能追溯到拉丁语。而到了这里你就会意外地发现看似毫无关联的词语竟然拥有同一个祖先。这些都会帮我们开启新的思维。

使用同义词发散思维
查找同义词，不仅能扩展点子，原本模糊的轮廓线也会变得更加清晰。

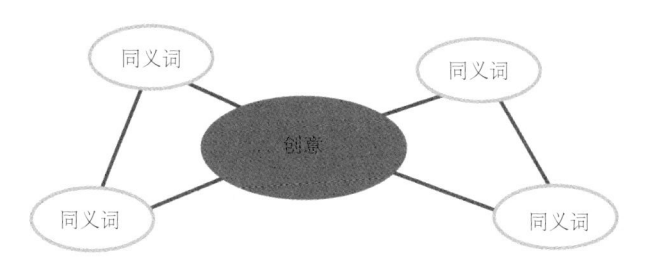

构思创意的时候，不要给语言下过于严谨的定义。需要跟别人进行交流时，我们得事先定义好词语的含义。然而在进行创意的过程中，反而应该重视语言的模糊性、事物的横向联系以及联想能力。

创意整理术 58

使用 PPT 进行"单人创意头脑风暴"

前面我建议大家"借助实体工具进行思考",不过数码工具也有其优点,例如易于保管。用数码方式制作的文件容易保存,发送给他人时,只需一封邮件就能解决。而且它还易于编辑,只要轻击鼠标,就能完成剪切、粘贴以及复制等操作。

有些人很善于利用数码方式的这些优点,例如广告文案撰写人。他们经常会在 PPT 上,用大字撰写广告文,用 A4 纸打印出来。然后他们会带着这些复印件,到客户那里去对广告文的含义进行说明。

这种 PPT 的用法,其实非常高明。他们是把 PPT 作为"单人创意头脑风暴"工具来使用的。一般人都认为 PPT 就是用来演示文稿图像的软件。而这种想法打破了人们的固有观念。其做法如下:

①选择"新演示稿"后在"新建幻灯片"中选择"仅标题";

②在显示有"单击此处添加标题"的编写框内输入想到的点子;

③原则上一个幻灯片上只写一个点子;

④在工具栏里选择"插入"功能并选择"新建幻灯片",继续选择"仅标题"后在编写框内输入点子;

⑤重复这个操作,把你想到的所有点子都写进去。

使用过 PPT 的人就会知道,幻灯片的位置移动起来非常简单。只

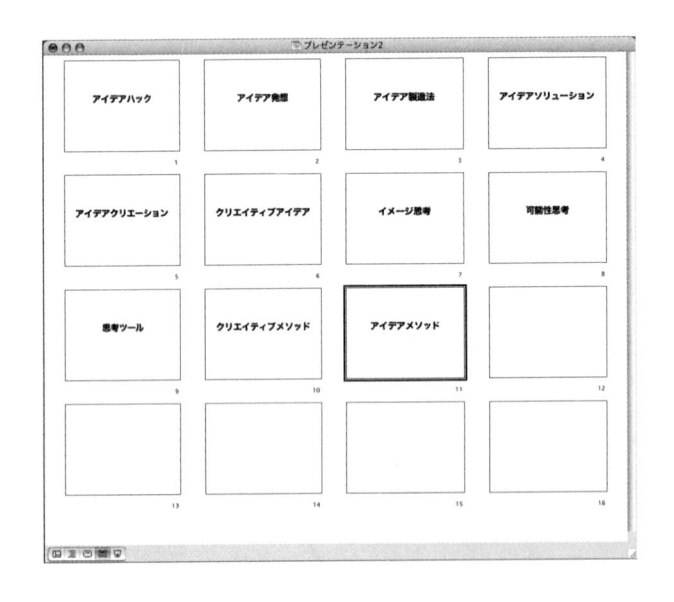

选择幻灯片浏览，就会排序显示出所有幻灯片。

要选择"幻灯片浏览"，所有幻灯片就会显示在同一个画面内，如果你把第十页的幻灯片变成第二页，只消用鼠标自由拖移即可。并且，全部幻灯片都清楚地展现在你眼前，所以给幻灯片分组也易如反掌。

如果你想给某个点子加点补充说明，选择幻灯片时只要选择"标题幻灯片"，页面上就会出现两个文本框。你可以在上面的文本框内输入点子，在下面的编写框内输入说明内容。打印的时候也可以将若干页幻灯片集中打印到一张纸上，修改起来也很方便。

就像这样，我们可以**把PPT当做"单人创意头脑风暴"的强效工具，充分利用起来**。

如果会议中可以使用投影仪，我们还能在全体会议中利用这个方式。我们可以把大家不断迸发的灵感火花一一写进PPT。当然，也可以将内容先写到白板上。不过直接用PPT的话，就能一步到位。事后用文件共享创意时，也不用再费神打字了。从这点来说，PPT还是很方便的。

创意整理术 59
善用搜索引擎，与创意建立链接

接下来我再向大家介绍几个数码工具。其实用好 Google 可以帮我们找出意思相近的词语。

这个方法做起来很简单。在想要搜索的词语后面再加上"是"，然后再进行搜索。

比如，想要搜索有关歌舞伎的形象时，用"歌舞伎是"来进行搜索。除了"是"之外还可以在后面加"是什么"。只要特别关注"歌舞伎是××"中的"××"部分，简单查看一下搜索结果，就能知道人们如何用语言表达对歌舞伎的印象了。查看结果时，若是特意关注一些出人意料的观点，你就会发现新点子和新形象。为了不使关键词和"是"、"是什么"被分别搜索，一定不要忘了加上双引号。

接着用搜索出来的词，再搜索一番，会有更好的效果。如果搜索出"歌舞伎"、"非常酷"或"令人怀念"，就在后面加上这个词，试着用"歌舞伎"、"非常酷"再进行搜索。这样我们就能从搜索结果中，发现人们为什么会觉得歌舞伎非常酷了。从探究人的心理世界的意义来讲，比起毫无章法地胡乱搜索一气，这种方法还能让我们洞察到更加深层的信息。

现在任何人都会使用 Google 的搜索功能，不过根据关键词的组合情况，我们可以创造出无限的可能性。而使用怎样的关键词，考验的正是每个人的品位和能力。

我们一般给点子搭配的动词是"想到"。那意味着我们的思维"到"了某个未知的地方。换句话说，就是几经曲折后，终于到达了某地。正如上文介绍的那样，点子或者创意并不是某时某刻突然出现的"不速之客"，反而好像是在思考的过程中，顺着各种线索不断攀爬，最终抵达的终点。就Google的例子而言，我们从上一个关键词的搜索结果中，找出下一个关键词再进行搜索……这样缘木而上，最终找到创意的所在。

灵感丰富的人脑中会有很多这样的链接。这些链接环环相扣，所以他的创意就会接连不断，层出不穷。

最近，网络理论研究日渐深入，学者发现在某种条件下，各种链接会汇聚在少数的节点（点）上，最终将生成中枢（中心）。

例如互联网世界里诞生了像Yahoo！这样的巨无霸门户网站，很多信息都可以通过它来网罗。另外，还出现了像Google这类网站。它能自动将网上的信息集成数据库，发挥着信息传递的中枢功能。Google News提供的服务，就为大家汇集了不同来源的新闻信息。

就像这样，一旦成为中枢，源源不断的信息就会被吸引过来。宛如被巨大星体的引力吸引而至的陨石一般。

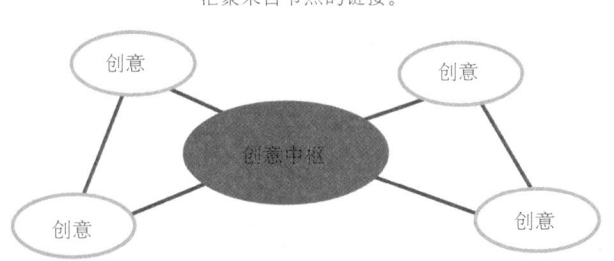

较大的点子成为中枢，
汇聚来自节点的链接。

创意 —— 创意
   \ /
  创意中枢
   / \
创意 —— 创意

创意也是一样的。一个小小的创意成为一个节点，与各种各样的创意建立起链接。在这过程中，好的创意就会有新点子不断与之连接，最终成为中枢。于是，**一旦形成中枢，你就会变成"创意体质"，吸引灵感不断汇聚。正如北辰之星，居其所而群星拱之。**

前面向大家介绍了一些毫不费力就能轻松想出好点子的创意思维妙招。不过从本质而言，关键还是在于**不断增加创意和灵感之间的链接和节点**。这就像互联网忽然爆发，然后诞生了巨无霸网站一样，你的大脑也会召唤来数以千计的好点子。

创意整理术 60
用朋友的网络弥补自身的不足

趁着现在跑题跑得正欢，再给大家介绍一个有关网络的话题。这种构建网络的思维方法，实际上不仅适用于创意和互联网世界，还适用于交友人脉方面。

我想大家的身边一定有这样一个人。他能把人们联系起来，一直起着中枢作用。也许这些人都极具人格魅力，但出乎预料的是，他能成为中枢的关键，不在于他有没有能力。相反，**看似缺点百出的人，反而拥有更多朋友，换句话说就是拥有更多链接。**

很久以前，有位做销售的前辈曾这样教导我："销售这种工作，并不是让你一个人去做完所有工作，而是需要你去找到自己不擅长的领域的专业人士，与他们建立起人脉关系，将他们组合起来，制作出优秀企划案。"也就是说，他要我去关注自己不能做什么，而不是能够做什么。什么事情都要靠自己一人包干委实困难，所以这位前辈采取了**利用网络来弥补自身不足的方法。**

换而言之，越是自知能力有限的人，越容易交上朋友，越能建立更多链接。

不足之处可以通过网络来弥补。

只要能发现自身的弱点，就能吸引各种能人异士。

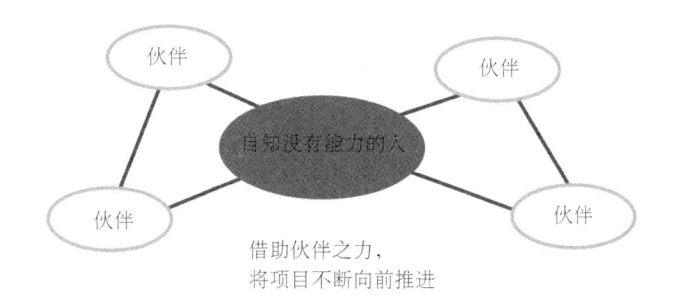

借助伙伴之力，
将项目不断向前推进

实际上这个道理不仅适用于交友，就创意而言也是相同的。越是不完美、有漏洞的点子，越容易与其他的点子联结起来。我曾有过这样的经历，某次我在会议中提出了近乎完美的点子，但却过于完善，使得话题竟无法继续展开下去。其实**跟对人一样，我们应该更去爱惜那些有待改进的点子**。

创意整理术 61
在网上向素不相识的人求助

言归正传，下面我继续向大家介绍数码工具。

我在前面向大家介绍过，想点子想到卡壳的时候，就要向周围的人虚心请教。这是将各个点子联结起来的关键所在。使用数码工具，我们可以向以前想都想不到的更多人请教问题。

例如在"HATENA"的人力搜索（http://q.hatena.ne.jp/）和"Yahoo！智慧袋"（http://chiebukuro.yahoo.co.jp/）等共享网络，我们便能进行这样的交流。在这里提出问题后，就会有知道答案的人前来解答。尤其是当我们想对某个问题进行调查，却没有时间的时候，或想调查一些通常难以查到的信息的时候，这些使用便捷的工具，能给我们很大帮助。

例如，有一次我有个关于法律方面问题，就在网上发了个问题。我的问题是"我正在准备与一家美国的软件公司合作开发一个新软件。这种情况下，知识产权的所有权问题一般是怎么解决的？"这是个专业性非常强的问题。结果没想到竟有位专家给我解答了这个问题。

如果要我自己来调查，这个工作可能需要花好几天的时间。而到网上求助，有时最快只要几个小时就能知道答案。这是个非常了不起的互助互利机制。

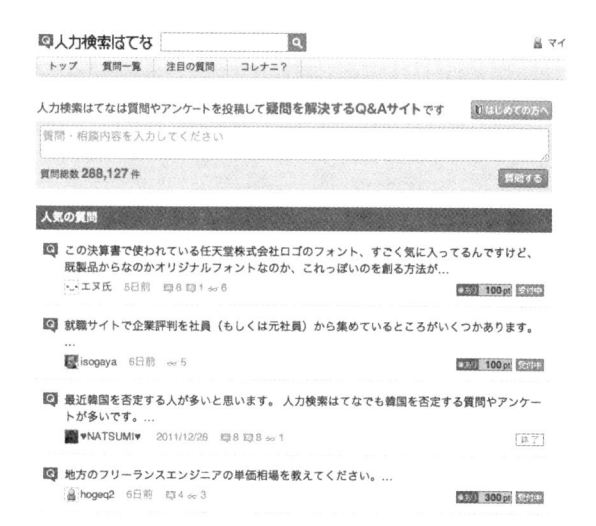

我经常使用"HATENA"。每次忙不过来的时候，我会在 HATENA 上请求别人协助调查，然后会觉得好像增加了两三倍人手的样子。

"HATENA"还有问卷调查功能，我们想对提出的某个假说进行简单验证时，就可以使用这个工具。当别人对我们的创意提出"你有根据吗"的时候，我们就可以做个简单的问卷调查，让数据来说明一切。

只不过在提问时，也需要遵守一些规矩。关键是要满足以下三个条件，不然，可能会所答非所问，白白浪费了大家的时间。

①问题要有针对性；

②规定好回答方式；

③举出回答的例子。

如果拿链接与中枢来比喻，这里就是要规定链接的形式。就是**通过规定链接形式来提高质量，使创意之间建立起更高质量的链接。**

创意整理术 62
硬盘是个聚宝盆

接下来再给大家介绍一个数码工具妙招。

正如前面所述，创意是现存信息的新组合，也就是通过新链接联结起来的信息。它的意思是即使是已有的信息，如果联结得好，也能生出崭新的创意。

那么，哪里汇聚的已有信息最多呢？实际上**最多的地方是电脑硬盘**。

举个例子，构思创意时，我们会把忽然闪现的关键词输入搜索栏，在本地文件中进行搜索，然后我们会意外地发现这个点子跟以前接触过的工作有一定关联，并有若干文档被搜索出来。有时从中也能生出崭新的创意。这时候，搜索一下本地文档，你会发现效果卓然。

如果我们进一步挖掘这一机制的作用，不再拘泥于本地硬盘的搜索，而是先把文件保存到云端后，再进行搜索。这时需要使用我曾在"创意整理术 07 手机笔记法"中介绍过一款叫做 Evernote 的应用程序。

只要将文件保存到该应用程序里，就可以使用 iPhone 等智能手机或外出目的地那边的电脑搜索信息。如果给网页浏览器加上 Evernote web clipper 等 add-on，只需轻敲鼠标就能将该网页保存下来。尤其是网页上的信息，随时都有可能被删除掉，所以建议大家碰到感兴趣

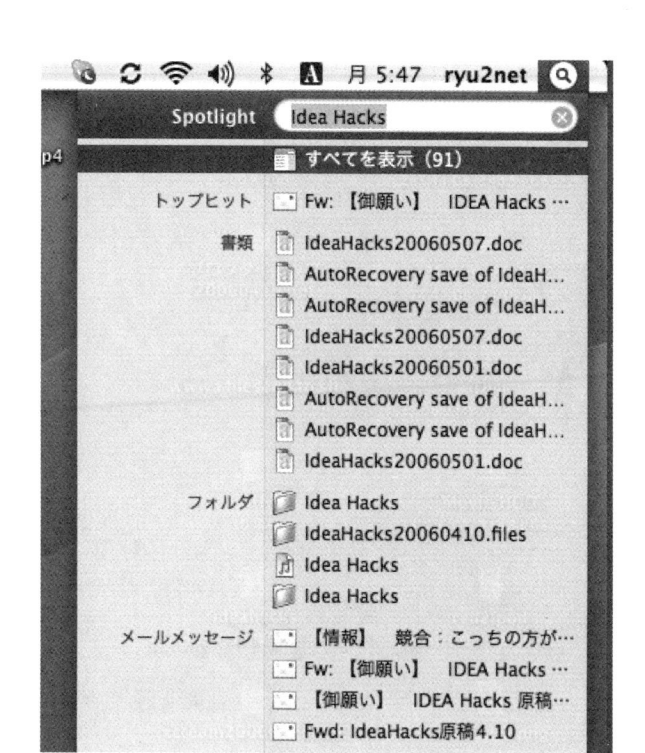

Macintosh 的标准 OS 中附带有硬盘搜索功能"Spotlight",用起来非常方便。

的信息,一定要及时保存下来。

　　这样保存的好处,是保存下的信息都已经过了自己的过滤挑选,日后可以进行更高精度的搜索。这时,搜索范围只限定在感兴趣才保存下来的信息中,所以搜索结果的质量会特别的高。这种搜索不同于普通的网页搜索,可以节约过滤和锁定信息所花的时间。

　　这个方法也曾多次助我一臂之力。平时上网时,可以有意识地将有用信息存储下来,这些信息**将会成为构思创意时的重要信息源**。

　　把引起你注意的信息保存到硬盘里或 Evernote 中。养成这种习惯非常重要。

创意整理术 63
先别说出结论

前面跟大家介绍了能帮助我们摆脱语言逻辑的思维方式和工具，例如，形象思维法和用实体工具帮助思考的方法等等。即便如此，我们**最终还是需要进行条理清晰的说明**。这是因为如果我们的说明毫无逻辑，想到什么就说什么的话，谁也没法理解我们的想法。

不过，在有逻辑地进行说明时，我还是希望大家能遵守一个规则，那就是说话时"**先不说出结论**"。

这个说法与一般所说的理论截然相反。商科书籍和商学院都教导我们要"先说出结论"，但我却因完全信奉该理论，而吃过多次苦头。仔细观察周围的人之后，我发现这样说话的其实不多。

这是为什么呢？因为越是好的创意，就越显得离经叛道。如果一开场就把结论说出来，那么接下来等待你的，就只有反对派的狂轰滥炸了。

最近，有人开始推广一种叫建导（Facilitation）的方法，提倡用它来推动会议顺利进行。建导的方法也认为先不说出结论为好。也就是说，为了获得与会者的一致同意，最好还是按照一定的顺序和步骤展开说明。

这里所说的顺序指的是"**在确认前提条件之后再说出结论**"。例如，

```
        ┌───┐
        │ A │ 结论
        └───┘
          ↑
┌───┐   ┌───┐   ┌───┐
│ B │ → │ C │ → │ D │ 前提
└───┘   └───┘   └───┘
       封闭性问题
```

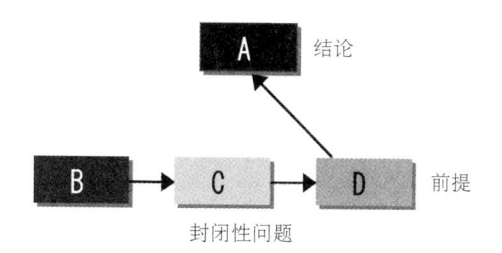

在确认了B、C、D等前提条件之后，再说出结论A，就会很容易被大家接受。
在B→C→D的过程中，充分利用只能回答"是""否"的封闭性问题。

在提出"面向女性销售粉红色电脑"的结论之前，先确认各项前提条件。如"据说女性好像对颜色有着非常强烈的个人偏好，是不是这样？""女性好像比较喜欢柔和一点的颜色，是不是？""据调查结果显示，市面上目前虽没有粉红色电脑，但如果有的话，受访者表示会购买。是不是有这样的结果？"等等。最后再抬出粉红色电脑的结论。这么一来，粉红色电脑的提案也能被人接受了。

这种对前提条件逐一进行确认时的提问方法，叫做封闭性问题（Closed Question）。因为对于这种问题，只能用"是"或"否"来回答。**排除其他的可能性，用"是"和"否"来促成共识**。按照将棋[①]的步骤，搭建展示创意的舞台。逻辑思维在这时能助你一臂之力。

[①] 类似于中国的连将杀局。——译者

创意整理术 64
与创意邂逅，与创意离别

在思维妙招中，我向大家介绍了从实体到数码的各种工具，来帮助大家思考。如需一言以蔽之，那也许可以称这些工具为"邂逅与离别"的舞台装置。

所谓创意，其实就是已有信息的新组合方式。

既然是这样，我们就需要能够出色演绎这些组合的工具。这便是创意思维妙招的原点。在电视剧中，车站经常被用作邂逅的场所。同理，**我们也必须要设定一个邂逅的场所**，曼荼罗九宫图便是最具典型性的工具。

另一方面，我们也需要"离别"。在对已有信息进行组合的时候，我们常会拘泥于现有的组合方式。这样一来就很难发现新的组合方式，也无法想出新的点子。

举个最典型例子：以语言为基础的思维方式。如果思考过程中没有形象伴随，很多时候都会以永无止境的语言游戏告终。就算为了避免这种事态的发生，"**跟老套的思维方式说再见**"的方法也变得尤为重要。

前面介绍的定位图和拼贴画，是用来发现现有组合无法顾及的真空地带，即"告别"现有组合的便利工具。

类似离别的概念，还有一个叫做"超脱"的思维方法。这意味着面对自己想出的创意，要退后一步，保持一定距离，客观地去审视它。不要固执己见，而要像奥运会的裁判一样，客观地给自己的想法打分。这种姿态就叫做超脱。

如果能做到这一步，**不仅能跟已有的点子说再见，还能跟自己想出的点子潇洒地说拜拜**。旧的不去新的不来，洒脱地拍拍双手，然后寻找成为新男友或女友的好点子去。别再跟毫无新意的破点子永无止境地纠缠下去，手起刀落，将孽缘快刀斩断。

让我们出色地演绎与点子的邂逅与离别。要想得到缪斯女神的眷顾，技巧是很重要的。

Chapter 6　构思妙招

改变固有视角，借鉴成功方法

创意整理术 65
向值得尊敬的人偷学"方法"

我还在上小学的时候,父亲有时会说些打击我的话。其中有这么一句:"你是我儿子,所以你不是天才。你不笨鸟先飞,付出三倍于别人的努力,就不可能有出息。"说我是废柴,不会有什么出息。这话出自遗传了 DNA 给我的父亲之口,给我的打击有多大,也是可想而知的吧。

同样的场景在《灌篮高手》里也出现过。安西教练对眼盯着"情敌"流川枫的樱木花道,说了这么一段话:"好好看他是怎么打的……能偷学多少,就偷学多少。然后你练球的时间得是他的三倍。如果不这么做……你在高中毕业之前是追不上他的。"

《灌篮高手》中,安西教练建议樱木花道要偷学技巧,以三倍的强度练习。

© 井上雄彦 I.T.Planning,Inc.
《灌篮高手》第 23 卷,P150~151

安西教练的话里有一个建议是我父亲的话里没有的。那就是"从对方那里偷点东西"。但是偷别人的东西是犯法的。那么，我们该偷什么呢？答案是偷"方法"。我们**需要把目光转向能让我们达到对方水平的方法**。那么，我们应该怎么去偷呢？答案是从别人输出的信息中，抽取可用之法，然后偷到自己的口袋里。

我们可以用三宝乐黑标生啤的广告为例，进行说明。

2006年版的广告中，新鲜蔬菜出土和啤酒被注满的镜头被剪辑在一起，并配上了旁白。台词是"蔬菜源自大地，啤酒也源自大地。新·三宝乐黑标生啤"。然后字幕是"高品质，源自大地"。

当时我的第一反应是不解。为什么田地、土壤和蔬菜会出现在啤酒的广告里？不过当我把目光转向三宝乐啤酒想通过黑色标牌传达的信息之后，便恍然大悟。那就是没有比"对安心和安全的追求"更重要的东西了。它想传达的信息，是三宝乐黑标原料考究，实践"100%麦芽与啤酒花的协动契约栽培[①]"，因此是"美味的高品质啤酒"。当时消费者已经有了"超市合约农户的蔬菜品质好、味道好"的印象，在这个广告中，三宝乐啤酒把这个"印象公式"套用到了啤酒上面。

换句话也可以说，黑标想要传递的信息，是"我们将消费者选择蔬菜的理念，带到啤酒生产当中"，并进一步把黑标啤酒的品质和蔬菜的印象公式——"追求安心和安全"联系起来。

就像这样，对某个创意进行深度剖析后，我们就会发现这个创意产生的过程和方法。三宝乐黑标是将其他领域的判断理念，带入了啤酒生产领域。我们应该关注这里，并追踪剖析创意产生的方法。这样一来，我们就能确保自己也能想出类似的创意了。这就是"偷到方法"的瞬间。

[①] 三宝乐公司的"协动契约栽培"是指明确原料的产地与生产者，严格按照生产程序进行栽培，并保持公司与原料生产者的沟通，以保证原料质量。——译者

接下来介绍另一个概念，模因（Meme）。它的思路与"偷学方法"相近。

模因（Meme）这个词是希腊语的"模仿（mimeme）"和英语的"记忆（memory）"的合成词，是牛津大学理查德·道金斯（Richard Dawkins）最早开始使用的。模因与DNA的生物基因相对，被称为"社会性的基因"。它指的是一种受到周围的意志或思维方式的影响后，被记忆并传递下去的文化性物质。例如，日本人在用具有日本人特色的思维进行思考时，就受着日本文化特有的文化基因——模因的影响。

得知这个概念后，我感觉如释重负："哎呀，太好了！我虽然DNA不太好，但是只要用好模因就好了。"从此之后，遇到值得尊敬的学者或作家的演讲会或研讨会，我都会特别积极地去参加，有意识地与那些"智慧先达"进行沟通。然后，将他们独特的视角与观点偷入囊中。我现在仍然继续着这种"偷窃的勾当"。

根据这种思路，接下来我想向大家介绍一些将"赃物"据为己有的"方法"，以及我掌握的"视角"模因。

创意整理术 66

替换分母，提高自身价值

北野武先生因其电影中独特的画面美感，在世界权威电影节上备受好评，一直被人们称为"世界的北野武"。然而他最早是以"搞笑艺人"的身份进入娱乐圈的。他的娱乐生涯是以"比特武①"的身份开始的。北野武以这个身份站稳脚跟后，接下来又以作家身份出版了畅销书《武君。在！》。接下来，他又变身为各类电视节目的主持人，并开始拍电影。现在他还兼任东京艺术大学的教授。

就像这样，北野武先生不断转换自己的活动空间，穿梭于各个领域，不断带给消费者新鲜感和新刺激，身价也节节攀升。他的强悍之处，在于他转入新领域后并未荒废旧的领域，反而是八面玲珑，四处开花。而且，他所有的新尝试与挑战，都给自己的已有事业带来了积极影响。

像这种一个人活跃于各色舞台的情况，如果可以拿分数来作比喻的话，我想称之为"替换分母"。

原日本国家足球队球员中田英寿先生也是这样。他巧妙地替换分母，不断提高自身价值。首先他尝试了把日本足球职业联赛这个分母，替换成了一个更大的分母——意大利甲级联赛。接下来，他又换了一

---

① 比特武，北野武的艺名。——译者

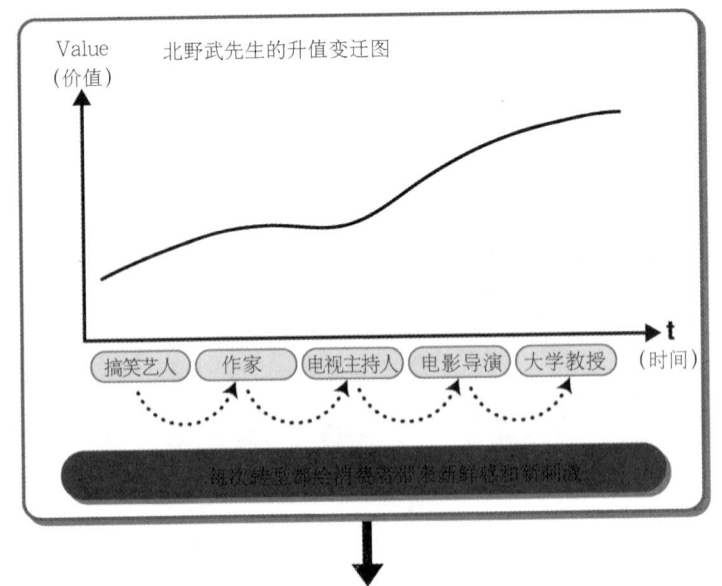

152　整理的艺术 3

Value（价值）　北野武先生的升值变迁图

t（时间）

搞笑艺人　作家　电视主持人　电影导演　大学教授

每次转型都给消费者带来新鲜感和新刺激

如果以品牌作比喻，这就是品牌扩展战略。
加入新鲜刺激，
培养消费者对品牌的放心程度与信赖感，并扩大销售。

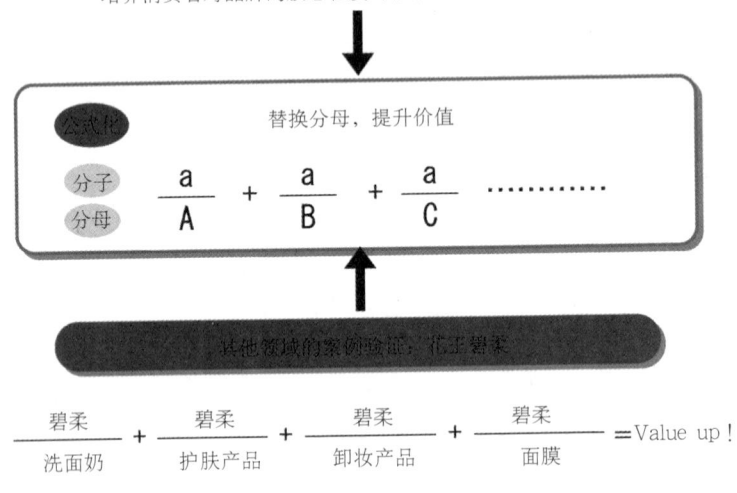

公式化　替换分母，提升价值

分子
分母　$\dfrac{a}{A} + \dfrac{a}{B} + \dfrac{a}{C} \cdots\cdots$

其他领域的案例验证：花王碧柔

$\dfrac{碧柔}{洗面奶} + \dfrac{碧柔}{护肤产品} + \dfrac{碧柔}{卸妆产品} + \dfrac{碧柔}{面膜} =$ Value up！

个有趣的分母，成为了糖果公司 TOHATO 的 CBO（首席品牌官）。然后带领公司成功地重树了"焦糖玉米[①]"的品牌形象。他跳出足球选手的领域，替换了新的分母，给自我价值加入了"新的惊喜"，让自己身价倍增。

  模特儿梨花小姐也属于这种类型。她不单是活跃于模特领域，综艺节目里也常常看到她的身影。这让她不仅向大众展示了不同于以往的魅力，还给她的模特生涯注入了活力。

  想要出人意料，给人带来新的惊喜，"替换分母"是非常有效的方法。

[①] 一种焦糖和玉米制成的膨化食品。——译者

创意整理术 67

创造新分母

花王的"Healthya 绿茶"一上市，便给市场带来巨大冲击，让我至今难忘。

当时，绿茶市场正好赶上健康热的浪潮，市场规模也逐年扩大。以日用品起家的花王也跟风进入绿茶市场。我当时觉得非常的诡异。为什么呢？因为花王给人的印象基本上就是"肥皂和香皂"。

Healthya 绿茶给绿茶市场带来了新的功能——燃烧体内脂肪，减肥瘦身。它并没有在已有市场里争夺蛋糕，而是采取了开拓"健康绿茶市场"这个新市场的战略。换句话说，花王创造了一个新的分母。在这个分母之上，只有 Healthya 绿茶一个分子。再换句话说，花王等于创造了一个近似垄断的市场，只要这个市场增加了新客户，便都会流向 Healthya 绿茶那里。这就是花王的策略和方法。

在巨大的市场内，开发新功能，创造一个其他公司无法插足的新市场。这可不是营销学里常说的基尼市场战略，**而是创建一个全新的竞争平台，并在该平台"一手遮天"的战略手法。**

《蓝海战略》（Random House 讲谈社）用美国式实用主义手法对这种方法进行了剖析。书中提到想要发掘新市场，需要进行四种操作。这就是对照业界标准和业界常识，对里面的某些要素进行"减少"、"添加"、"增加"、"除去"的四种操作。

想要从激烈的市场竞争中脱颖而出,我们必须从一个崭新的视角出发,创造一个全新的分母。这也是催生创意的一个重要方法论。

创意整理术 68
用"矩阵乘法"从旧事物中找出新意义

矩阵有两种活用方法。

一种是将矩阵作为把握自身定位的工具来使用。波士顿咨询公司开发的"产品结构分析法"（Product Portfolio Management，PPM）就是个很典型的例子。我们在"创意整理术 54 通过定位图促发形象思维"中，曾向大家介绍了定位图的用法。

另一种是使用工具进行"信息乘法运算"的方法，例如从纷繁复杂的因素（事实）中，找出战略课题，引导出概念。

让我们来看个例子——SWOT 分析法。通常教科书上提到的 SWOT，是指内部环境（自己公司）的 Strength（强项）和 Weakness（弱项），以及外部环境的 Opportunity（机会）和 Threat（威胁）。它只是一个用来总结事实的框架，但如果我们对用该框架整理出的事实施以乘法运算，就能发现各种各样的战略课题。请大家参考附图。

从战略上来讲，优先等级最高的是"S×O"。O 指的是顺应时代潮流的机会，所以 S×O 就是利用强项（S）去抓住时代的机遇。优先等级第二的是"S×T"和"W×O"。前者的课题是"以攻为守"，后者则是"要出奇制胜"。

品牌战略也需要使用乘法。了解客户、分析时代潮流是谁都在做

教科书里的 SWOT 分析法，
只不过是一种信息整理格式。
总结信息是有用的，
但是仅仅靠总结，是不会有新发现的。

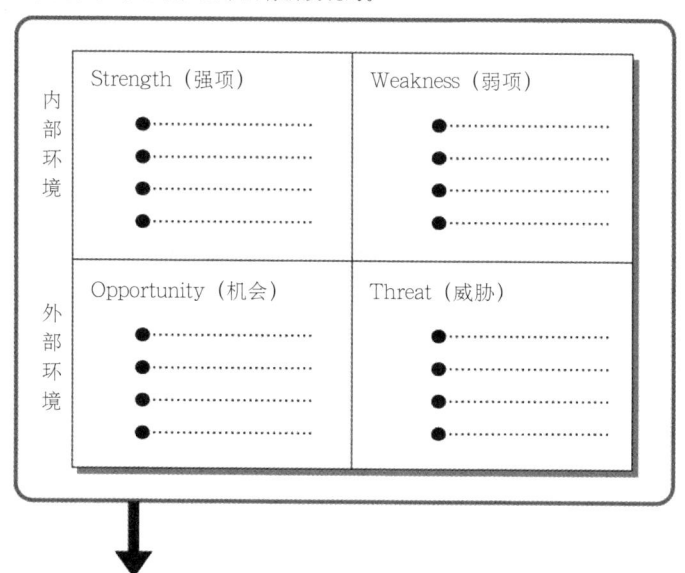

	Strength（强项） ●…………… ●…………… ●…………… ●……………	Weakness（弱项） ●…………… ●…………… ●…………… ●……………
内部环境		
外部环境	Opportunity（机会） ●…………… ●…………… ●…………… ●……………	Threat（威胁） ●…………… ●…………… ●…………… ●……………

于是……我们使用矩阵乘法后，
各种情况该如何应对，便一目了然。

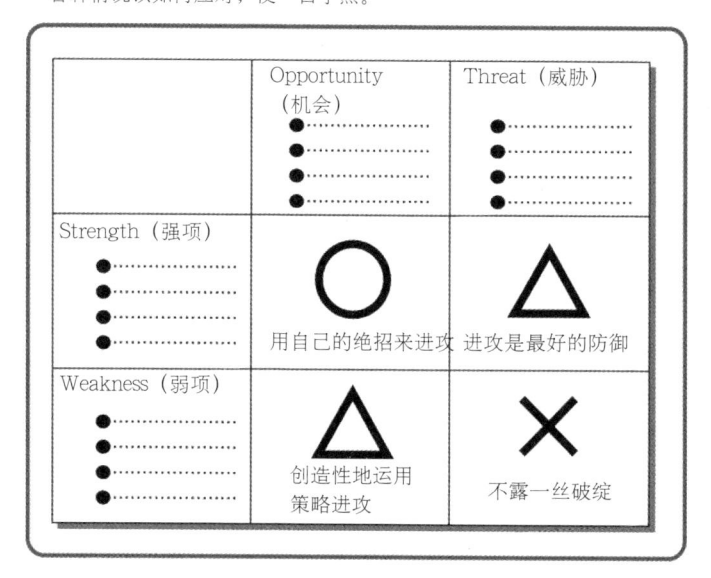

	Opportunity （机会） ●…………… ●…………… ●…………… ●……………	Threat（威胁） ●…………… ●…………… ●…………… ●……………
Strength（强项） ●…………… ●…………… ●…………… ●……………	○ 用自己的绝招来进攻	△ 进攻是最好的防御
Weakness（弱项） ●…………… ●…………… ●…………… ●……………	△ 创造性地运用策略进攻	× 不露一丝破绽

的工作。但是优秀的品牌经理（Brand Manager）在考虑品牌形象时，常会在品牌价值的基础上，乘以客户心理（Target in Sight）或时代潮流趋势，用乘法计算出符合时代特色的品牌形象，努力维持品牌的新鲜度。一个产品的品牌价值，不会三天两头地发生改变。因此，品牌战略可以说就是"用不变的价值去乘以变化的心理"，一言以蔽之，则是"陈酒换新瓶"的技术。①

总之，**创造新意义时，需要使用乘法**。这就像是氢和氧发生化学反应后，生成了不可或缺的生命之水……也像颜料中的蓝色与黄色相融后，产生了全新的绿色一样……

摇身一变，变出一个崭新的意义。这就是乘法的奥秘所在。

这种基础原理可以应用到各个领域。希望大家有意识地在各种领域都尝试一下"乘法"，这个简单的方法就能让你从旧事物中找出新的意义。虽然这只是一个小小的技巧，但是会与不会，结果却差之千里。

---

① 关于用乘法来孕育品牌，请参考"创意整理术76：好东西自有其好的原因"。

创意整理术 69

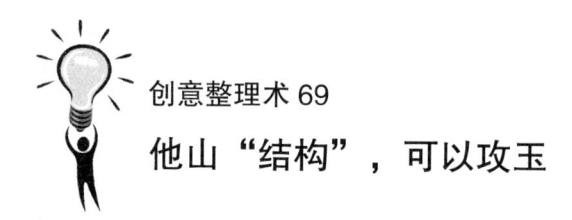

他山"结构",可以攻玉

从一个完全不相干的领域中借用"结构",也是构思创意的一个好方法。

①**将大自然的技术结构应用到铁道技术中。**

举个例子。开发新干线 500 系车辆的时候,技术人员为了减少车辆进入隧道后的噪音,竟然从翠鸟的喙的形状中找到了灵感。

翠鸟一般从空中跃入水里捕鱼。据说它入水时,水花压得非常小,这就是入水时阻力小的证据。

原 JR 西日本综合企划本部技术开发室负责人中津英治先生注意到了这个问题。他进行了实验,将各种形状的子弹射入一根直径 10 英寸(约 25 厘米)的长管中,然后用超级计算机反复计算,试图寻找阻力最小的形状。计算结果不出所料,果然越来越接近翠鸟的喙的形状。

顺便一提,中津先生的兴趣是观鸟。他把自己的兴趣爱好运用到了工作当中,这是非常有趣的事例。(参考《朝日新闻》的《各种不可思议的事:摆脱"微压波噪音"》)

②将人体血液循环结构带入经济领域

地方性货币与普通货币的本质区别，在于地方性货币会"老化"。也就是说，地方性货币的使用期限是有限的。

最早开始研究地方性货币的人是西尔沃·格塞尔（Silvio Gesell）。米切尔·恩德（Michael Ende）与格赛尔的想法产生共鸣，曾说过下面一段话：

"钱应该随着经济流程的结束而消亡。正如血液生自骨髓，运行于全身，完成其使命之后，便衰亡老化，最终被排出体外一样。所谓钱，应该就像是在被叫做经济的有机结构内循环的血液一样。"（《恩德的遗言》日本放送出版协会，P32）

这里我想强调的是，格赛尔在构思经济流程时，将人体血液循环结构的概念，带入了这个毫不相干的领域。该思想成为了地方性货币这一概念的支柱。

③让点心发挥护身符的作用

最近几年，雀巢的奇巧脆心巧克力一直在做支援考生的活动。因为"奇巧"（Kit Kat）的发音跟日语"出师必胜"的发音相似，所以不知从什么时候开始，就有考生在考试前买它来吃，当做护身符用。这种做法，在学生中口口相传，不知不觉便流行了起来。于是雀巢决定借此机会，在全国范围内推出支援考生的促销活动。

巧克力中含有糖分，能给大脑补充营养，消除疲劳。这点更促进了该产品的流行。我觉得奇巧巧克力已经褪下"玩笑话"的外壳，羽化成了一种"护身符"。用过去的话来说，奇巧代替"文殊菩萨"，成为了考生们的守护神。

创意整理术 70

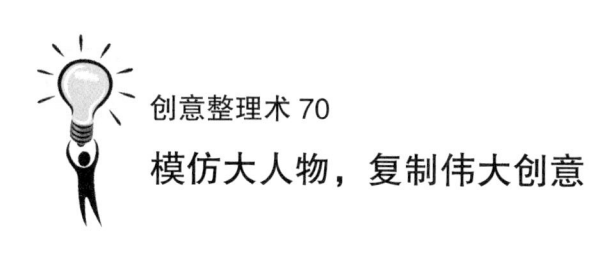

模仿大人物，复制伟大创意

你身边有没有人，说话跟他上司的感觉一模一样？朋友之间也有些闲言碎语，会抱怨"那家伙以前的优点全然不见了，现在完全变成上司的翻版，真没劲"。丧失掉个性，多少有些郁闷。不过从做事方法的角度来看，他其实是让自己完全变身成自己的上司，以此来处理周围的事情。也就是说，他通过模仿上司的思维方式和行动方式，在工作中做出正确判断和行动。

模仿确实是想出好点子的有效手段。**所谓模仿，就是清楚把握和强调对方某些特点的技术。**

请大家在脑子里想象一下可乐饼先生[1]模仿美川宪一先生[2]的样子。可乐饼先生自己长得跟美川先生一点都不像，但是只看表情，看他那细细的眼睛，微光流转的眼波，还有那了无生趣的嘴部动作，真是惟妙惟肖。他的声音也很像，不过还是说话方式更像些，比如他学美川先生说话时，一张口就是个"哎呀"之类的，学的都在点子上。

此外，可乐饼先生强悍的地方，是他一口咬定美川先生是"人妖"。虽然这是地球人都知道的事实，但他还是故意说出来。这就变成了双

---

[1] 日本搞笑艺人，很会模仿别人。——译者
[2] 日本演歌歌手。——译者

重强调了。

构思的方法与模仿的方法一样，需要抓住模仿对象的思维特征，而且还需要夸张地去进行把握。于是，平时想不出的好点子，此时更容易想出来。

这个妙招的关键在于"变身成谁"。可能你想模仿的人越是大人物，就越能想出伟大的创意来。那么，是否能够准确地抓住这个人的特征，就成了胜负的关键。第一步我们可以试试学那个人的说话方式，把想到的点子说出来看看。

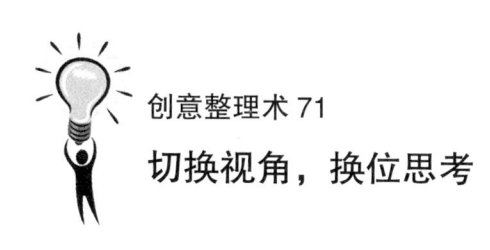

创意整理术 71
切换视角，换位思考

切换视角，跟模仿别人的思维方式类似，是一种将无意识视角变为有意识视角的技术。其做法如下所示：

（1）切换主客视角

（站在对方的立场，换位思考后，你的一言一行很容易变得跟平时不一样。）

- 超市购物时，让自己站在店长的立场上来观察，你会发现销路好和不好的产品。此外，你还会注意到销售方法和店员的待客态度，可以感受到这家店的实力所在。
- 开车时，切换成房地产商的视角，你会去留意哪里有空地，不知不觉之间，所有建筑工地的情况，就都在你的掌握之下了。
- 让自己站在孩子的立场上来思考，会发现很多时候，家长都自以为是，过分斥责小孩，于是反省自身。

（2）打比方

（想说明某个特点和结构的时候，可以用其他类似的东西来打比方。这样可以让说明更加浅显易懂。）

・当我们向技术人员说明想制造怎样一种护理机器人的时候，就可以打个比方，更准确和形象地传达意思。例如我们可以说就像渔翁饲养的鸬鹚一样，我们想要什么，它就能帮我们取来。

・我们还可以参考一种类似"打比方"的东西，占卜。就像"动物占卜"、"高达占卜"、"家电占卜"之类的那样，动物、高达以及家电，这些都是用打比方的方法来占卜。而这个××占卜的"××"的部分一般是特征明显，易于打比方的东西，非常值得参考。

（3）建立关系

（形象地表达出与对方的关系后，更容易催生好点子。）

・气志团在演唱会刚开场时，就对观众宣布"咱们来个两情相悦吧！"于是，台上台下保持互动，一起大声合唱，一起比划手势。在这过程中，真能体会到演唱会现场台上台下融为一体的感觉。"两情相悦＝一体同心的感觉"。为了达到这种其乐融融的效果，应该做些什么？气志团认真思考这个问题，设定最终目标，想出点子来达成目标，最后将这些点子付诸实践。这种方法，就是先描绘出你想建立什么样的关系，然后不断构思创意，让它为你开辟一条道路，通向你要达到的目标。

创意整理术 72

配合对方，下调视线

某日，师傅这么对我说："这个企划书写得不错。但是，咱们的客户大多不太懂什么叫市场营销。这样的话，我们必须配合他们的思维才行。如果说你的企划书是高中生水平的话，那你就需要把视线降低到小学生的高度，做出让小学生也能理解的企划书。"

说起来，在十几年前，大学时代的恩师也这样对我说过："你的论文用词太艰涩。如果不够深入浅出，让你母亲都能看懂的话，实在称不上是篇好论文。"

这两句话说的完全是相同的意思，那就是配合读者的视线，改变沟通方式。我当时一直全神贯注于自己想说的事情，反而没有心思去考虑读者的心态了。

这种配合对方，"降低视线"的技术，是我的一个短板。

但是，仔细一想，发现这个技术确实挺难的。这就好像是命令我去跟小学生讲什么是微积分一样。不过，我在女儿的绘本上找到了解决问题的答案。

现在，我手上有本《白雪公主》的绘本。绘本是根据一部约2小时长的电影改编的，但是绘本总共就只有薄薄的23页，而且用的字都是平假名。当时我恍然大悟。为了把电影改编成适合儿童的绘本，编辑首先要选取电影中的关键镜头，然后将其他非关键部分全都大刀阔斧地砍掉，再概括故事想要传达的内容，将其变为符合读者水平的形式，把长长的故事压缩到短短的几十页中。

这种绘本编辑手法，对于构思点子而言，是一种非常重要的方法。**你是否能够配合对方的情况，自由改变视角？能够配合对方下调视线的人，也就是善于抓住说话要点，能够配合对方深入浅出地进行说明的人。**这类人，毫无疑问，就是创意黑客了。

创意整理术 73
打造自己的制胜模式

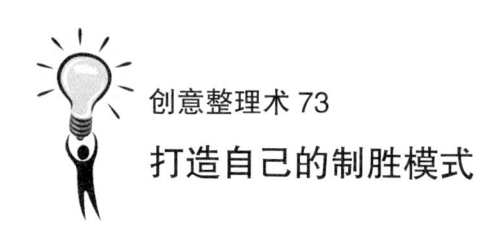

在体育世界，**是否拥有必胜模式，是胜败的关键**。我上中学的时候是乒乓球部的。对于中学水平的乒乓球而言，如何正确决定接发球的模式，是胜负的关键。

我记得的模式有两种。一种是通过发侧旋球，控制对手回球路线，对回球进行扣杀。

另一种是假装要发侧旋球，却完全不转，待对方回了高球过来，便干脆地扣杀。我还记得当时练这种发球练了很久。等我对这种模式应用自如后，还一举冲过了中学地区预选赛。

读了野村克也教练的《巨人军论》后，我发现他的 ID 棒球也是模式战略的一种。彻底解析对方选手的模式，找出弱点，发起猛攻。比如，野村教练这样分析斋藤雅树投手的投球模式："先假装放一个内角高球，再靠从外角进入的旋转球赚取好球数，如果跑垒员在垒上的话，就投正手下坠球来制造机会，让游击手捕短球依次双杀二垒和一垒的跑垒员。如果一空振三坏球的话，他基本上百分之百会投从外角进入的（反手）旋转球来赚空振数。"

1997 年与巨人对战时，小早川毅彦选手面对斋藤投手的投球，接连打出三个全垒打。完美地诠释了野村教练的这一分析结果。

那么，这里我想要思考的，便是"模式化"的意义。专业人士总有一些自己的绝招，而这些绝招都是一种能够克敌制胜的科学模式。模式的精度越高，表现和发挥就越稳定，经过一番雕琢后，就能成为制胜模式。这并不仅限于体育世界。也同样适用于长寿电视节目的结构模式、项目管理的推进模式、幸福生活的模式等。

在需要跟人一决胜负的时候，如何分析对手的"模式"，是把握战机的关键。这也是生意场上的基本法则。有的企业挥金如土，大搞宣传，而有的企业则不辞辛苦地跟渠道耐心沟通，获取对方的信任。这些竞争模式暴露了对手的哪些破绽？如何抓住这些破绽，制定己方的行动？这就是所谓的经营战略。

借鉴对方模式的经验教训也很重要。我尊敬的一位前辈是冲浪手，他早上起得特别早，所以他从不大半夜加班，而是清晨加班。真的实践一下，你就会知道，大清早的公司非常安静，最主要是没有一个电话打来。可以说没有任何打扰人心的因素，所以工作效率也会直线上升。

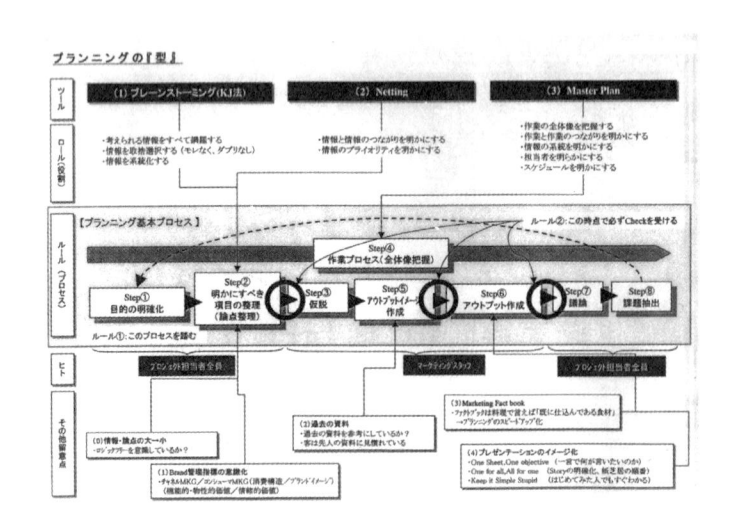

这是我注意到的策划"模型"。将这一模型固定为一种模式后，就总能保质保量地策划方案。

我们可以通过借鉴别人的方法，让自己的制胜模式不断增加。

自己的模式、对手的模式、公司的模式，各种模式都值得我们去注意。我们可以从中找到对自己有用的模式，把它变成自己的方法也就是妙招。

创意整理术 74

换个发型，打破自己的模式

模式这种东西，一旦确立后，发挥和表现就会稳定下来。这反而有让人变得疏忽大意的危险。所以，**就算是为了验证自己的模式是否合理，我们也应该尝试打破自己的已有模式**。这是很重要的。这么一来，我们不但能再次确认这种模式的优点，也能发现新的需要改善的地方。

让我们把眼光转回自身，来思考一下自己上下班的模式吧。

我上下班乘坐 JR 线的"通勤快车"，这趟电车最大的优点就是快。它只在大站停车，途中甩站时，甚至会让人有种很爽的感觉。不过，这趟车的缺点就是拥挤。挤得你根本动不了。

于是，我换个口味，坐了下"普通"电车，结果大吃一惊。一点都不挤，随随便便就能找到座位。它与通勤快车相比，多少会慢一些，不过到我的目的地也只有十分钟之差。这样的话，还不如乘坐普通电车，晃晃悠悠地前行，心情也很舒畅。此外，我们也可以试试错时坐车，也很有新鲜感。虽然只比平常晚个三十分钟，但你会发现车厢内的人会发生变化，而且也不会那么挤了。

我们还可以更进一步，干脆换个通勤线路试试。例如可以中途下车，换乘地铁试试，或是换乘其他线路的电车。于是你会发现不同的广告内容，车内氛围也大不相同。像这样反复试验、尝试之后，我发现我长久以来从不思考自己的通勤模式。于是我便会重新审视这种千篇一律的通勤模式，重新发现它的优点和缺点。

其实不仅上下班可以这么做，做菜时也可以这么做，甚至在生活的各个方面，都应该尝试一下这种方法。例如购物的模式、推进业务的模式或是恋爱的模式都可以试着打破一下看看。

我向大家首推换发型的方法。不要每天都顶着同一个发型，偶尔也去下美发店，换个不一样的造型试试。这时，不论你是否愿意，都会因此而远离自己已有的生活模式。此外，发型也决定了你在别人眼中的形象，所以你会去想象新的"形象"是否适合自己，以及别人会怎么看待你的新形象。这就给你提供了一个锻炼"形象思维"的绝好机会。而且，换了发型之后，我们会蜕变成新的自己。于是我们要配合自己的新形象，去寻找一个新模式。

打破已有模式，其实是给自己一个机会，去理解已有模式，并在此基础上打磨加工，使之精益求精。为了提高自己的生活品质，让我们首先试着打破身边那些一成不变的模式吧。

创意整理术 75

去旅行

以前有个国际化的口号，叫做"Think Globally, Act Locally"（思维全球化，行动本土化）。可我到现在也不敢苟同。全球化的思维姑且不算坏事。可是，你都没有亲眼见识全球风情，何谈能够解决本土问题呢？这句口号充其量也只是理想主义的空口号，很难有现实意义。

我认为现实的情况是恰恰相反的，那就是"Think Locally, Act Globally"（思维本土化，行动全球化）。我记得大学的时候经常讨论到这个问题。我觉得只有这样，才能真正改变自己所在地区的风貌。

据说这世上有两种人，一种是"风"的子民，另一种是"土"的子民。"风"的子民一般来也匆匆，去也匆匆。他们会撒下各种信息的种子。而"土"的子民则能让信息的种子开花结果。这是阪神大地震的时候，我从其他志愿者那里听到的说法。风的子民就是我们这些志愿者，而土的子民则是抱有各种问题的"本地居民"。

风的子民，行动范围广。他们到了一个地方，就会将这个地方的信息收集并储存起来。你身边有这样的人吗？这种人就像"游牧民"（Nomad）一样，行动范围很广，看起来一副无所不知、无所不晓的样子。这类人是非常重要的存在，因为他们是能把收集到的信息升华为创意和点子的人才。

此外,风的子民都是适应能力很强的人。若非如此,他们不可能很快地就融入各地的文化风俗当中。他们就算去到截然不同的文化圈,也能享受当地的风土人情。大家一定要找些风的子民来做朋友。

思维方式和风格保持不变(Think Locally),在各地展开行动(Act Globally)。**广阔的行动范围和极强的适应能力,这是创意黑客的重要资质之一。**为了磨练自己,培养这种资质,我们应该跟随风的指引,踏上旅途,增长见闻。

创意整理术 76

好东西自有其好的原因

无论是艺术,还是产品,能获得众人青睐的东西,都有一定的规律。这就是"变了却又没变"这个看似矛盾的法则。

松尾芭蕉①将这一法则概括为"不易流行②"。他留下了一首有名的俳句:"五月梅雨汇,奔流一去不复回,最上川的水。③"这首俳句说的是从古至今,最上川都是亘古不变的存在,但是五月梅雨骤降,使河水水量剧增,水流加快,奔流不息。这首俳句用短短十七个字,将最上川"变了却又没变"的样子描绘得淋漓尽致。

斋藤孝先生在评价塞尚和维米尔等画家的风格时,曾说道:"首尾一贯的变形作用"。他的有趣之处在于把这种说法比喻成 $y=f(x)$ 这个数学上的"函数④"。当我们把数字带入 x 之后,f 这个特定的变量就会发挥作用,产生一个数字,而这个数字就是 y。

实际上,这个法则是"品牌理论"的基础。这是因为品牌策划是一种技术,可以用目标或时代性这一变量,来乘以品牌价值这个定量,

---

① 江户时代前期的一位俳谐师的署名,他公认的功绩是把俳句形式推向顶峰。——编者
② 意思是在核心不变的基础上,不断加入新鲜要素。——译者
③ 日文原文是"五月雨を　あつめて早し　最上川"。——译者
④ 参考斋藤孝《"能干的人"到底哪里不同?》(Chikuma 新书)。

让品牌符合现代标准，不断变形。我读过路易威登（日本）公司社长秦乡次郎先生的《我的品牌理论》（日本经济新闻社）。秦乡次郎先生在书里一针见血地指出："我们要拥有不变的价值，还要让人感受到时代的特色。"

好东西总有超越行业领域的共同规律。

创意整理术 77
重要的是传递信息

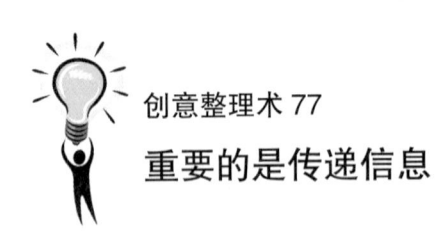

评价广告时，有两个评价指标："内容力度"（Contents）和"执行力度"（Execution）。

所谓内容力度，指的是想要传达给对方的"信息"。这个指标评价的是广告是否准确传递出了信息。另一个指标执行力度，指的是传达信息时的"语调和方法"是否有冲击力，对于想要传达的感觉是否表达到位，说到底，执行力度的指标评价的是广告形式的表达效果。

好的广告都要有冲击力，极具个性（换言之，就是执行的效果很好），同时还能准确地向顾客传递信息。也就是说，传达内容是交流沟通的目的，而执行时的表现手法，充其量只不过是传达信息的手段而已。

不过，这个指标不仅适用于广告，我觉得它对任何沟通交流方式都适用。

我以前常被上司骂。不知不觉间就习惯性地去注意他怒火背后的"内容"了。说到原因，如果用广告评价来打比方，那么发怒就属于"执行力度"的范畴。面对上司的责骂，要是只注意到上司发火，而不关注责骂的内容，那就本末倒置了。

从那以后，即使面对上司的滔天怒火，我也能端正姿态，认真听取他在愤怒的背后想要传达的信息。可没想到，从那以后，上司对我发火的次数明显减少。其实就是这么个道理。上司正是因为我没有领会到他想要传递的信息内容，才对我发火的。所以，当我能够准确领会精神后，他的怒火自然就平息下来了。

人类是感性的生物。有时两个感性的人会相互碰撞，产生摩擦。可如果我们只关注感性的那一面，就无法读懂对方的真实心意。

重要的不是执行力度，而是内容力度。换而言之，沟通的关键在于把握信息和观点，而不是感性的要素。为了确认某个观点或创意对自己是否是本质性的东西，我们也应该关注内容，而非执行力度。

创意整理术 78

改变固有视角，借鉴成功方法

我们在第五章中介绍过"超脱"的概念。这个概念在本章也非常重要。构思创意时，你是站在怎样的立场来构思的？确定"视角"的定位，对我们是否能想出好点子有很大影响。

"站在客户的立场上"，这句话说起来很简单。可是客户在怎样的状况下，抱有怎样的情感，又拥有怎样的想法？能够洞察这些深层问题的人却寥寥无几。我们必须让自己最大程度地变成客户，才能想出有价值的点子。这不仅对客户适用，对上司、同事、股东、交易伙伴等所有对象都适用。

这时，如何巧妙地逃离自己的固有视角，如何超脱出来，是非常重要的。

另一方面，有意识地使用方法也是很重要的。商学院教了我们各种各样的经营分析工具。可如果只是需要用的时候，才临阵磨枪，把它们找出来用，那结果也只能以失败告终。这是因为我们根本没掌握这些工具和方法。为了将这些方法变成自己的招数，我们必须让这些方法渗透到自己的血液中，甚至变成一种习惯。

这与超脱恰恰相反，它要求我们把各种方法都不断聚集到"自己"身边。然后将这些方法变成自己身体的一部分。这种气魄正是我们需要的。

实际上，剑道、网球或棒球等等，如果你会玩这些需要使用道具的运动，我想你会懂什么叫把自己的意志贯穿到道具中去。在你的意识里，这些道具已然成为了身体的一部分。其实思考也是一样的。当我们用好思维工具时，所有方法都会深深印刻在我们的脑子里，让我们站到巨人的肩上，所以我们能比别人看得更远。

像这样把方法完全变成自己的东西后，我们就能清楚看到"不变的东西"。这跟前文提到的"不易流行"或"变了却又没变"的这种品牌设计理念有相通之处。

让"视角"自由转换，让"方法"来投奔自己。这是思维妙招的关键所在。

Chapter 7　决策妙招

留出空白，等候创意降临

创意整理术 79

迷茫的时候，先找人聊一聊

公司前辈中有这样的广告策划人。他们会过来找你说："能不能帮忙听下我的策划？只要五分钟就行了。"或是"接下来我要说下明天报告会的报告，如果你有不同意见，请直言不讳。"这些前辈不仅会找我当听众，就算是在吸烟室、走廊里，只要有机会，他们就会抓个壮丁，一抒胸臆。

我猜他们大概是为了正式报告会上能够对答如流，不在客户面前出娄子，所以事先做下报告会的彩排吧？从方法的角度而言，可以说**他们此时在无意识中带入了新的视角，让自己以后能在客户面前更加游刃有余**。

午饭时跟同事聊一聊，小酒微醺的聚会上忽然灵光一闪，都可能会让我们突然冒出企划案的创意。这其实是因为我们在跟别人诉说的同时，也会在自己的脑子里不断整理信息，添加信息，并让思路串联起来。了解这种大脑的无意识运转方式，反过来利用大脑的这种特点。这就是创意黑客干的事。

任你急得抓耳挠腮，也毫无进展。与其这样，还不如先找人去说一说的好。这样你能在获得各种视角和意见的同时，不断思索自己最妙的一步棋。我们应该问问自己，这种看似稀松平常的思维方式，是不是反而容易被我们忽略呢?

　　做决策时,最忌犹豫不决。你左思右想,找不到满意答案,最终迫于无奈,贸然下结论,是不会带来什么好结果的。我们之所以犹豫不决,就是因为我们自己的意见没法统一。这时就算你一个人闷头苦想,闭门造车,也不会有什么转机。所以,这种状态下,我们应该果断决然,毫不犹豫,抓个人跟他说说看。

创意整理术 80

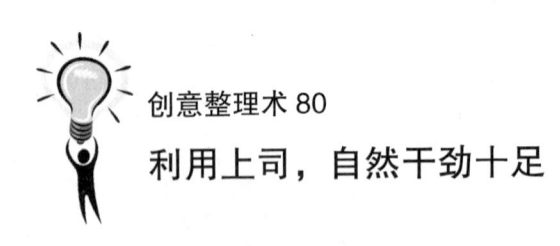

利用上司，自然干劲十足

我是被管理的人，必须老老实实完成上级交代的任务。如果我们这样想的话，只会越发觉得自己是"被差遣的人"，每天在闷闷不乐中度过。

某一次，一位前辈训斥我："你干活到底是为了什么？不是为了提高自身价值的吗？"前辈的一声棒喝，真是一语惊醒梦中人。在此之前，我没能让自己从工作中尝过甜头。所以，总觉得自己是被管理的人，或是被人呼来喝去、供人使唤的人。

应该把自己做成品牌。

然后，时常提醒自己要提高自身品牌。于是，你会意外地发现在你眼里，无论公司、上司还是后辈，全都变成了你提升自身价值的工具。为了把自己的工作做到最好，我们需要如何利用上司？对此，我的看法可以归纳为下列三点。

（1）所谓上司，是经验丰富的知识数据库。

从客户实权人物的思维倾向，到喜好的酒名，充分利用上司，可以事先获得很多信息。

（2）所谓上司，是做决策时的提示框。

在需要下决定的时候，我们需要在准确传达业务目的和自己意思的基础上，征求上司的意见。这里应该包含了做决策的要素在其中。而且，越是重大的决策，越需要让上司参与进来，这样比较有保障。

（3）所谓上司，是用来打磨自己的工作训练工具。

我们应该有意识地把上司当做掌握工作技能的训练机。如果你的上司对你的业务不闻不问，那就果断找个别的工具即可。

上司是越用越灵的。为了磨炼自己，而充分利用上司的功能，上司也会觉得高兴，工作也能开展得越来越顺利。

创意整理术 81
你的工作有 80% 是没用的

在我还是职场新人的时候，曾在小酒馆听上司说过"帕累托定律"。我想很多人也都有所耳闻。帕累托定律是由经济学家帕累托发现的一种规律，认为八成的社会财富，仅集中在两成人手中。一般称为"二八法则"。

接下来上司对我说，这个定律对公司也是适用的。他还说八成的营业收入，其实来自两成的优秀营业团队。

当时我觉得这比例倒挺好分的。不过直到最近，我发现这个定律也适用于自己的工作，并将它作为一种大致的标准来使用。

要说这是怎么回事，其实是我发现自己只有在上半财年花费的两成工作时间，对公司销售额是有贡献的……如果是这样的话，我得反省自己，让自己更加提起精神，好好干活。或是发现今天自己只有两成的工作时间是集中了精力的……究其原因，如果是会议太多导致的话，我就会反省自己，今后是否只该参加非参加不可的会议，是否该把时间多放在制作企划上。大概就是这样的感觉。

总的来说，我就是**把"帕累托定律"的比例设定为万事万物的平均比例，重新审视自己的工作，不断提高意识，让自己的工作表现更出色**。当我们把它作为衡量事物的准绳使用后，会发现它适用于我们身边的各个领域，是一种方便又合理的思维尺度。我将这种做法称为"帕累托尺度"。

大家不妨也试试用"帕累托定律"，来再度衡量下自己身边的一事一物。

例如，我买东西的时候，是不是有八成都是冲动消费？是不是只有两成才是有计划的消费？（没有计划性）我的衣橱里，是不是有八成的衣服都是压箱底，只有两成的衣服的经常穿的？（暴殄天物）我的零花钱八成都是花在吃上，用在娱乐上的只有两成？（哎呀呀！悲剧人生！）

你也不妨试试用帕累托定律衡量一下自己的身边事物吧。

帕累托定律

人数：两成的有钱人
量：占据八成社会财富

用帕累托定律衡量 1　手机短信内容

一天发短信的人数：跟我发短信的人不少，可是……
一天发短信的数量
没想到有八成短信都是发给妻子的，而且大多是超简单的"收到！"，都是些内容超短的短信"轰炸"

用帕累托定律衡量 2　听的音乐

买了其CD的艺术家人数：实际上喜欢的艺术家就那么几位……
听音乐的时间
大多数情况几乎都是在重复听几个人的

创意整理术 82
行动有规有矩，工作有声有色

在我还是职场菜鸟时，常因工作方式的问题，遭受上司愤怒的枪林弹雨。因为我做事总是一个人闭门造车，把"车"造出来后，才去询问上司的意见，结果白白浪费了很多时间。

我以前一直觉得，不弄出个成品就贸然去征求别人的意见，是非常失礼的行为。但这个想法本身就是错误的。（可能也是我自视过高，觉得这个活儿，我一个人就能搞定吧……）上司本来就很忙，还要同时监督好几个业务的进展情况。我的做法对他而言，就是在浪费他的生命。

在工作上，速度是重要因素。白白挨了一顿批，我自然也很愤懑。可在跟上司耐心沟通的过程中，我还是认真地思考了下该如何改正自

工作准则

①工作总是很紧迫的。既然如此，在决定工作方向性的阶段，就必须找时间征求上司的意见。尤其必须确认工作"目标"和"需要弄清楚的要点"。原因是如果不事先确认好这两点，便没法与上司在工作上保持波长一致，这将成为你工作上的致命伤。

②自己做出的是草案。不要一开始就想做出成品，应该不断征求上司的意见，逐步修正完善，最终做出成熟的方案。

③不要一开始就用 PPT 来做。首先应该在纸上描绘出大概轮廓，在随时都可以添红修改的状态下，征求上司意见，确定方向性后，再一鼓作气，完成方案。

己。接着我决定订立一些规矩，让自己遵守。

　　当我给自己设定这样的规矩后，挨批的次数便骤减。这是因为不成熟的草案可塑性强，能够容纳包括上司在内的各种人的意见。然后，在需要下决定时，必须设定一些要点让上司打钩。这是非常关键的。

　　工作不是一个人做出来的。我深深感受到，要想与上司以及其他晚辈打好团队战，最有效的做法是看清难关所在，并自己设定一些规则，解决这些问题。

创意整理术 83
越重要的事越易被忽视

我所在的部门，每周一的十二点左右起，会进行"工作头脑风暴"。需要每个人准备的是便笺纸和圆珠笔。首先，用三分钟的时间，在各自的便笺纸上写下这星期要做的工作。然后，将这些便笺纸一一贴到一张被称为"工作矩阵"的纸上。

"工作矩阵"由工作的"重要程度"和"紧迫程度"两条轴线构成。纵轴为重要程度，横轴为紧迫程度。我们将头脑风暴中"刮出"的工作事项贴到上面。这种矩阵的好处，在于根据便笺纸的粘贴位置，便能对工作的优先等级一目了然。

贴在重要程度和紧迫程度都高的象限里，说明这些工作的优先等级最高，这周的工作需要以这些事项为中心展开。不过，从我的经验来看，大家很容易降低"重要程度高却不是很紧迫"的工作的优先等级。这点着实令人吃惊。大家似乎更重视"紧迫程度"（＝时间轴），更容易忽视重要程度。紧迫程度不高的工作，就先搁置一旁。这个问题需要我们自律自戒，改变这种错误看法。

最近在分配工作时间时，我有意识地将八成的精力，用在重要程度和紧迫程度都高的工作上，剩下的两成精力，则用在重要程度高，

作矩阵的注意点

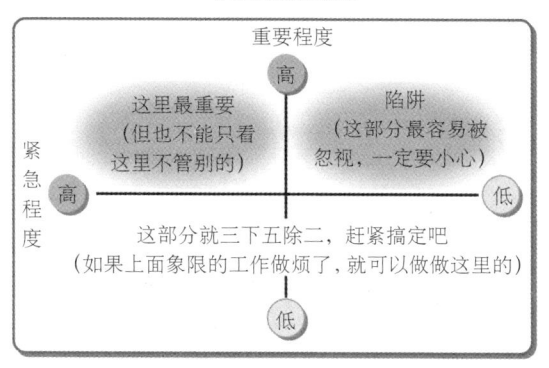

```
                    重要程度
                      高
        ┌─────────────┼─────────────┐
        │  这里最重要   │    陷阱     │
        │ (但也不能只看 │ (这部分最容易被│
        │  这里不管别的)│  忽视，一定要小心)│
   紧急 高├─────────────┼─────────────┤低
   程度  │这部分就三下五除二，赶紧搞定吧   │
        │(如果上面象限的工作做烦了，就可以做做这里的)│
        └─────────────┼─────────────┘
                      低
```

却不是很紧急的工作上。这是在平衡自己的工作精力。然后我逐渐发现，这两成精力对防止后来的工作积压也非常有效。这里我是大概按照帕累托定律的二八比例来分配的。

创意整理术 84
会议四大法则——开会时必须守住的底线

"会议"是进行决策的场所之一。不过,日本人开会有个毛病。一般会议的讨论议题事先就定好了,但日本人还是有东拉西扯,废话连篇的恶习。有时等你回过神来,会议早已变成"发牢骚大会",成

会议四大法则[①]

法则一 设定"目标,Goal(待决定事项)"
(除了头脑风暴之外,如果没有具体目标和需要决定的事项,则没有开会的必要。)

法则二 "规则,Rule(法则)"
(即使有牛人参会,也毫不畏惧,大胆发言。站着发言,设置时间限制等。)

法则三 "角色,Role(人物)"
(主持人、鼓励新人发言的人、缓和会议气氛的人、故意提批评意见的人)

法则四 "工具,Tool(道具)"
(想缓和会议气氛,可能需要些小点心,也可以不在会议室内开会,换换地点,把会议搬到楼顶去开。想要以工作坊形式来开会,则需要白板和便笺纸。)

[①] 松岗正则负责的 ISIS 编辑学校,提到了"Ruru 三条"的重要性。这三条分别是规则(Rule)、工具(Tool)、角色(Role)。

了大家发泄压力的场所了。

那么"会议"有哪些必备要素呢？当我回归其本质之处，细细思考，发现有四大法则需要遵守。

只要遵循这四大法则，守住底线，就肯定能实现"言之有物、颇有成效的会议"。此外，若是在规则或角色上下点功夫，就能让会议变得超级欢乐。

例如我们可以设一个"最佳发言奖"，选出发言最精彩的人，规定大家掏腰包，让获奖者午饭大吃一顿。此奖一出，想必有不少人会摩拳擦掌，跃跃欲试吧。反过来，也可选出这次会议发言最没劲的人，让他下次开会时，给最佳发言奖得主伺候揉肩。只要这样，会议就会带上游戏味，或许能渲染出欢乐的氛围，碰撞出奇思妙想的火花也不一定。

创意整理术 85

日程表与会议记录要配套使用

老板交代你"做好会议记录"的时候,你是不是手忙脚乱过?觉得一定要把会议上的每个细节都悉数记录在案?但一门心思记录讨论的内容,并不等于做会议记录。

其实会议记录最终只要记好下面三点就行了:

①要清楚记录会议的"结论";

②要清楚记录得出结论之前的主要讨论要点;

③要清楚记录会议的"今后课题或作业"。

要清楚记录这三点,我们只需使用会议的日程表就行了。我们只需就着日程表的内容,在每条下面填写结论和主要的讨论发言即可。最理想的形式是将日程表和会议记录合二为一。**会议的核心是"为了决定某件事而进行讨论"**,所以需要讨论的地方应该是很清楚的。当我们能把日程表的项目当成会议记录的要点来看后,会议记录就会变得更好写,更简明扼要。

此外,与客户开会,不方便写会议记录时,我们回公司后应该马上动手记录。因为那时信息还是热气腾腾的。

在信息还是热气腾腾的时候,有三大好处:

(1)身体还存有鲜明的记忆;

第七章 决策妙招 195

日程表的基本内容

```
                              2012.0.0
        今日的会议内容
   ─────────────────────
   1：议题 A（15 分钟）

   2：议题 B（20 分钟）

   3：议题 C（20 分钟）

   4：其他（5 分钟）
```

— 千万别忘了记录日期。虽是小小几个数字，日后会有大作用的。

— 写清楚会议时间。清楚会议进程后，讨论也能顺利展开。

— 在"其他"的环节，提出今后要做的讨论或课题。

↓ 利用日程表，用在议题下面填空的形式，做会议记录。

与日程表合二为一的会议记录

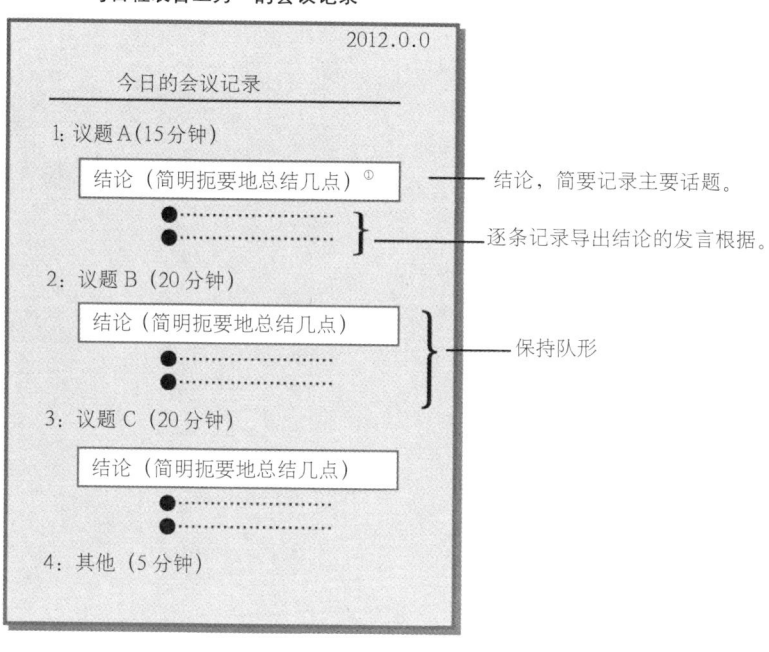

```
                              2012.0.0
        今日的会议记录
   ─────────────────────
   1：议题 A（15 分钟）
   ┌─────────────────┐
   │结论（简明扼要地总结几点）①│
   └─────────────────┘
       ●·················
       ●·················

   2：议题 B（20 分钟）
   ┌─────────────────┐
   │结论（简明扼要地总结几点）│
   └─────────────────┘
       ●·················
       ●·················

   3：议题 C（20 分钟）
   ┌─────────────────┐
   │结论（简明扼要地总结几点）│
   └─────────────────┘
       ●·················
       ●·················

   4：其他（5 分钟）
```

— 结论，简要记录主要话题。

— 逐条记录导出结论的发言根据。

— 保持队形

（2）所以，跟第二天再去回忆、记录相比，会少很多漏洞；

（3）再者，趁信息还是热气腾腾的时候送出去，对方也能感受到这份热情。

正所谓"**玩信息就得趁热打铁！**"趁着脑子里还记得细节的时候，回到公司，奋笔疾书十分钟，然后点击，发送。把还冒着热气的信息与大家共享吧。

创意整理术 86

拥有装满偶然力的口袋

"假说思维"和"达成目标",都需要一种执著。但是太过执著的话,反而会变成一种桎梏。**其实,拥有装满偶然力的口袋,是让创意发生质变的关键。**

脑科学家茂木健一郎先生认为,日本自然科学界的诺贝尔奖获得者中,至少有三位科学的获奖研究中,都有偶然力发挥重要作用。[1]

白川英树先生发现"导电性塑料",是因为在实验中不小心把资料烧焦。田中耕一先生开发蛋白质质量分析法,契机是不小心混入了错误的试验材料。这里重点在于他们都将目光转向了偶然的因素,然后从中找出了新的意义。可以说他们一直都抱有游戏心态,或是游刃有余的感觉吧。我觉得这种心态对于碰撞出巨大灵感火花是非常重要的。

希望大家不要误解。这里说的不是静待偶然性出现的那种守株待兔心态,那样的话,他们就成了一直等待白马王子到来的中毒昏迷的白雪公主了。我们应该拥有偶然力口袋,将偶然性召唤到自己身边,将一直推进的工作导向一个更好的结果。当你遇到偶然事件时,**即便它与你的最初目的相去甚远,但只要结果是好的,你就应该鼓起勇气,**

---

[1] 参考茂木健一郎的《"脑"整理法》(Chikuma 新书)。

大胆调整方向。

无论是目的，还是假说，没有人是从一开始就百分之百对自己确信无疑的。既然如此，我们就应该怀抱 80% 的自信，同时为偶然性的降临腾出 20% 的空间。事先调整心态，让自己游刃有余，是很重要的。

创意整理术 87
勿忘，人固有一死

忽然，两个思考生死的时间重叠了。

一个是深夜，看了 NHK 的 ETV 特集《希望你能记住我——癌症漂流·作家与读者的 850 天》。身患肺癌，三十三岁便英年早逝的作家奥山贵宏先生的生活姿态打动了我的心。另一个是电影《最后的十个愿望》中，看到一位年轻妈妈的身影，不禁为之感动。

两人的共同点，是都被医生判了"死刑"。然后，在最后有限的生命里，决定了应该完成的课题，并逐个完成，然后慢慢死去。奥山先生是由于感冒迟迟未愈，去医院检查后，被医生宣布"还能再活两年"。而后面的那位妈妈，最后的日子则更短，只有三个月而已。

故事是寂寥又悲戚的，然而不知为何，我眼中的奥山先生与那位年轻妈妈都散发着无比耀眼的光辉，甚至让我有种如沐春风之感。我想这必定是因为他们在最后的光阴里，认真思索人生的最大任务，然后拼上了性命去完成了这些任务，也因为他们两人的身影是那么的鲜活和真实。

"不对，稍等一下。"我脑子里忽然冒出了这个念头。**原本就算我们没有被医生判死刑，也应该把必须做的事情给做好才对吧。只可惜我们都忘了这件事。**

"思考生死",是让人生闪闪发光的必要方法。假设自己还有三个月的生命,你想做些什么?我们得认真思考这个问题,并将之付诸实践。我想如果我们能像这样,意识到生命何其短暂和有限的话,我们接下来的每一天是否会变得更加精彩璀璨呢?

　　为了让生命散发出璀璨的光辉,我们需要去思考生死(Memento Mori)。或者可以说,这也是做人生决策的一个方法吧。

创意整理术 88
"预告全垒打"的感觉真好

贝比·鲁斯①曾经跟生病的孩子约定，一定会在比赛中击出全垒打，并打出了"预告全垒打"，造就了一段脍炙人口的佳话。做工作的时候，或是要做什么事情的时候，向周围的朋友发出"预告"。我觉得就给自己施加压力而言，这是一种非常有效的手段。

因为虽然只是口头承诺，但是没有兑现的话，仍会让我们觉得颜面扫地。这种心理会让我们更有干劲。

在工作上也是如此。我们可以向部下或上司宣告"肯定在哪天之前搞定这个案子"。如果及时完成任务，不仅能获得对方的信赖，而且最重要的，是自己也会感觉很好。每次目标的预告与达成，日积月累，聚沙成塔，对我们的日常生活尤为重要，它能成为很好的生活润滑剂。

此外，即便事情再小，只要是发出预告，就等于是有了"一定拿下给你看"的心气。

我觉得这种"一定拿下给你看"的心气非常重要。因为**我们最后的对手肯定是自己**。战胜自己，拿下目标时的喜悦，有时候是任何东西都不可替代的。

---

① Babe Ruth，美国著名棒球运动员。

安达充[①]在著名漫画《棒球英豪》中，描写了这样的场景。主人公上杉达也面对课题"无安打无得分"的压力，备受精神折磨时，捕手孝太郎担心达也，并慰问他的情况。此时，达也轻轻说了一句"如果不拿下，就没有意义了"。因为达也想在与强敌须见工的新田明男正式对抗前，多积累点"成绩和自信"。**不到最后，不轻言放弃，一旦决定目标，便义无反顾，勇往直前**。这种姿态，即使作为旁观者来看，也会觉得"帅呆了"，并为之感动。

所以，不要害怕，大胆说出来！就算再小的事，也没关系。我们也来个潇洒的预告全垒打吧！

[①] 日本著名漫画家。

创意整理术 89
留出空白，等候创意降临

不断明确工作的优先顺序，并且严格管理好日程表。这种观点看似完美无缺，其实却危机暗涌……填得密密麻麻的日程表，也许只能满足你的虚荣心，却一不小心切断了你的后路。

诚然，我们应该明确工作的优先顺序。它会让我们少走弯路，达成所愿。然而，当一些目标和目的被我们一不小心遗忘，隐秘了踪影时，这种做法可能会让我们"在泼洗澡水时，把孩子也一起泼掉了"。

偶然力的观点，能让我们去关注"在不经意间忽视的其他可能性"，是一种非常重要的技巧。用链接与中枢的理论来讲，那就是要让自己有足够的剩余空间，去应对那些看不见的链接。就是要我们竖起接收灵感的天线，随时待命，等候创意链接的不期而至。

这种姿态之所以重要，是因为世事无常，未来充满了不确定性。无论谁的将来，都有不可预知的部分。即使能够预测到某种程度，想要准确预测也是很难的。因为有时候，改变的可能只是一些微不足道的细节之处，却能让你的未来发生翻天覆地的变化。

这种不确定性，用帕累托定律来说，相当于两成的那个部分。不过正如该定律所言，这两成才是至关重要的。倘若我们的人生完全都是事先设定好了的，恐怕世上没有比这更无趣的事了。换句话说，或许这就等于世界如死水一潭，没有新构想的诞生，一度胜出，便永世不败了。

但是现实却并非如此，因为这种不确定性是必然存在的。对于八成的决策，我们可以明确优先顺序，迅速敲定、实施，剩下的两成要空出来，给偶然性留出一席之地。这才是能够活用将来的创意的决策妙招。

出版后记

随着社会的高速发展，我们在工作和学习中遇到的问题也日渐复杂起来。此时仅仅依靠知识和技能，已经不足以帮我们解决问题，我们更需要的是创意，是创新思维与问题碰撞迸发出的火花。

创意在大多数人的意识中是一种可遇而不可求的东西。本书作者则独辟蹊径，从"整理"的角度谈创意。他认为我们并不是只能摊手望天，默默等待灵感降临，而是可以通过"整理"收获好点子。

本书作者小山龙介自称"点子实践狂"，他还创建了一家名为"Idea In Action"的公司，致力于开启创意潜能，将创意付诸实践。在本书中，他用亲身经验告诉我们哪些是能够催生金点子的工具，如何留住稍纵即逝的创意，在什么样的环境中创意容易萌芽等构思创意过程中常见的问题，他给出的意见简单有效，不含任何空话和说教，极具参考价值。

就让我们跟随作者的脚步，密谋一次与好创意的浪漫邂逅吧。

另外，我们希望我们多番联系未果的图片作者看到本书后主动与我们联系，以便奉上稿酬和样书。

服务热线：133-6631-2326 188-1142-1266
服务信箱：reader@hinabook.com

后浪出版咨询（北京）有限责任公司
2017年6月

整理的艺术

著　　者：（日）小山龙介
译　　者：周　洁
书　　号：978-7-5100-3809-9
出版时间：2012 年 4 月
定　　价：28.00 元

日本至 IN 至 TOP 整理术
信息时代职场达人的高效秘诀

整理的艺术 2：时间是整理出来的

著　　者：（日）小山龙介
译　　者：阿修菌
书　　号：978-7-2100-9385-5
出版时间：2017 年 7 月
定　　价：36.00 元

89 个时间整理魔法，
为你变幻出一个更惬意、更从容的人生

作者简介

　　小山龙介，日本知名畅销书作家、Bloomconcept股份公司董事、"赫曼全脑模型"推广人、业务咨询师、生存技能培训教练，他擅长利用"整理术"处理工作与生活中繁杂的事务，所以身兼数职仍能从容不迫地享受生活。近年来，小山龙介经常以整理术为主题，举行演讲、研讨会和企业研习讲座，积极地向在职场中苦苦挣扎的菜鸟传授工作秘诀。

引爆创意

著　　者：（英）史蒂夫·哈里森
译　　者：杨　凯　赵雯婧　等
书　　号：978-7-5100-6184-4
出版时间：2013 年 8 月
定　　价：32.00 元

卓越的创意作品，
是你在激烈竞争中脱颖而出的唯一路径！

获得世界重要创意大奖最多的创意总监史蒂夫·哈里森

他30岁才开始广告生涯，从文案起步；
他先后出任奥美互动欧洲创意总监和伟门公司全球创意总监；
他还创建了HTW公司，使之迅速成为全球创意标杆；
他被行业顶尖杂志评价为这个时代最伟大的直销创意总监；
现在，他要告诉你做出绝妙创意需要知道的一切！

你只要翻开《引爆创意》的书页，就可以隔着时空，跟他心电感应，一窥他本人对创意的独到见解，以及创作那些知名获奖案例的详细历程。史蒂夫的作品除了创意出色外，还有一独特之处，那就是鲜少有所谓"飞机稿"。事实上，他是"管用"广告的大力支持者。

——赖致宇，上海BBDO天联广告公司执行创意总监

2009年的某一天，我看到了史蒂夫·哈里森的这本《引爆创意》，当时只有英文原版可以买。我满抱怀疑地随手翻阅，看了几页后，整个人一扫因通宵赶案子而昏沉沉的脑袋，兴奋得如同遭受了如来神掌的震撼！

——张映晨，Tribal DDB创意群总监

这种感觉，像是突然被打通了任督二脉，内力一夕之间开了窍，所有功夫、招数全身流窜起来，融会贯通了。……人们是否还需要阅读广告创意书？……我的看法是，如果你已是武林至尊，那就不需要。

——王彦铠，阳狮广告上海公司执行创意总监

图书在版编目（CIP）数据

整理的艺术.3，创意是整理出来的/（日）小山龙介，（日）原尻淳一著；阿修菌译.-- 南昌：江西人民出版社，2017.9
ISBN 978-7-210-09386-2

Ⅰ.①整… Ⅱ.①小…②原…③阿… Ⅲ.①整理-方法 Ⅳ.①B026

中国版本图书馆CIP数据核字(2017)第110623号

IDEA HACKS！——KYOU SUGU YAKUDATSU SIGOTO NO KOTSU TO SYUUKAN
© Junichi Harajiri ／ Ryuusuke Koyama 2012
All rights reserved.
Original Japanese edition published by KODANSHA LTD.
Publication rights for Simplified Chinese character edition arranged with KODANSHA LTD. through KODANSHA BEIJING CULTURE LTD. Beijing,China.
本书中文简体版权归属于后浪出版咨询(北京)有限责任公司

版权登记号 14-2017-0318

整理的艺术3：创意是整理出来的

著者：[日]小山龙介 原尻淳一 译者：阿修菌
责任编辑：冯雪松 胡小丽
出版发行：江西人民出版社 印刷：北京富达印务有限公司印刷
690毫米×960毫米 1/16 14印张 字数：200千
2017年9月第1版 2017年9月第1次印刷
ISBN 978-7-210-09386-2
定价：36.00元
赣版权登字-01-2017-358

后浪出版咨询(北京)有限责任公司常年法律顾问：北京大成律师事务所
周天晖 copyright@hinabook.com

未经许可，不得以任何方式复制或抄袭本书部分或全部内容
版权所有，侵权必究

如有质量问题，请寄回印厂调换。联系电话：010-64010019